GEFION

FEUERWEHR
ROSTOCK
05720
10026

Annika Schmied | Gesine Schuer | Britta Trapp | Klaus-Dieter Block

# MARITIME FESTE

## Hanse Sail und Warnemünder Woche – Akteure und Partner

HINSTORFF

Traumhafte Kulisse für die großen maritimen Feste: Warnemünde …

… die Unterwarnow und der Stadthafen von Rostock

РОСМОРПОРТ
Schiffspate

# Inhalt

GER
4014
Glashäger
SWE
20001
GER
6441
VIELMEER.com

# Einleitung

# Hanse Sail und Warnemünder Woche

## Die maritimen Bürgerprojekte der Hansestadt Rostock

In dem vorliegenden Band geht es um Menschen, die seit mehr als einem Vierteljahrhundert zwei prägende maritime Feste in Rostock und Warnemünde gestalten oder sie mit aktiver Sympathie begleiten.

Es sind große Bürgerprojekte im Rahmen des „Maritimen Hochsommers in Rostock & Warnemünde“. Sowohl die Warnemünder Woche als auch die Hanse Sail werden Jahr für Jahr von hunderten engagierten Bürgern getragen. Oft ehrenamtlich, ohne zu fragen, was springt dabei für mich finanziell heraus? Selbst für Dutzende Unternehmen, die auf Veranlassung der Organisationsbüros tätig sind, ist es oft eine „Herzenssache“ und weit mehr als ein alltäglicher Auftrag, zum Erfolg der beiden maritimen Großereignisse beizutragen.

Ohne den Inhalt des Bandes vorwegzunehmen, kann man schon an dieser Stelle feststellen: Ein Bürgerprojekt ist ein Ereignis, eine Veranstaltung, die es ohne engagierte Bürger nicht geben würde. Und schon gar nicht in dieser Dimension.

Wenn im Folgenden rund 40 Frauen und Männer der maritimen Bürgerprojekte vorgestellt werden, so hat das nichts mit ihrer Wichtigkeit oder mit einer Rangfolge zu tun. Sie stellen eine Auswahl aus den Publikationen zu den beiden maritimen Feste seit 1991 dar, in denen mehr als 230 Personen aus allen Bereichen des gesellschaftlichen Lebens porträtiert wurden.

Sie stehen für eine Bewegung von mehreren hundert Menschen, die typisch für die erstaunlichen Bürgerprojekte in Rostock & Warnemünde sind und ohne Zweifel zu einem bemerkenswerten Glanzpunkt in der 800-jährigen Geschichte der Hanse- und Universitätsstadt Rostock beitrugen beziehungsweise weiter beitragen.

# Hanse Sail and Warnemünder Woche

## The maritime citizens' projects of the Hanseatic City of Rostock

The main focus of this volume lies upon the people, who have been actively shaping or sympathetically supporting two hugely influential maritime festivals in Rostock and Warnemünde for more than a quarter of a century.

These are major citizens' projects in the course of the "Maritime Summer in Rostock & Warnemünde". Both the Warnemünder Woche and the Hanse Sail are supported by hundreds of committed citizens year after year. In many cases honorary, without any thought towards financial compensation. Contributing to the success of these two major maritime events is not just an ordinary job, but more a "matter close to the heart" for dozens of companies operating on the initiative of the organization's offices.

Without getting ahead of the contents of this volume, one thing is already certain at this point: A citizen project is a sensation, an event, which would not exist without committed citizens. Especially not on this scale.

The following introduction of around 40 women and men of the Maritime Citizens' Project has nothing to do with their importance or ranking. They depict a representative selection from the publications on the subject of both maritime festivals since 1991, in which more than 230 people from all walks of life are portrayed.

They exemplify a movement of several hundred people, representing the remarkable citizens' projects in Rostock and Warnemünde, with an undoubtable past and future contribution to an incredible highlight in the 800-year history of the Hanseatic City of Rostock.

(English Summary page 135)

Maritime Atmosphäre in Rostock …

... Ohne zahlreiche oft ehrenamtliche Helfer wären die Warnemünder Woche und die Hanse Sail nicht durchzuführen.

Juni 2015

## Roland Methling war der erste Sail-Kapitän

# Eine Geburtsurkunde und der Mut zum Risiko

Alles, was auf die Welt kommt, vor allem in Deutschland, braucht ein Papier, das der Neuling irgendwann einmal hochhalten kann. „Hier, das bin ich!“ Ohne Papiere ist man nichts. Auf der Suche nach der Geburtsurkunde für die Rostocker Hanse Sail holt Roland Methling einen dicken Ordner hervor und erzählt beim Blättern von den unruhigen Zeiten im Herbst und Winter 1990. Er war zu diesem Zeitpunkt 36 Jahre alt. Der Diplom-Ingenieur arbeitete in den 80er-Jahren im Volkseigenen Betrieb (VEB) Seehafen Rostock, war hier Abteilungsleiter in der Getreidewirtschaft, dann Haupttechnologe des Hafens und wurde 1990, als sich andeutete, dass neue Fährverbindungen nach Skandinavien in Rostock installiert würden, mit Aufgaben im Fährgeschäft betraut. Und noch eine Aufgabe erhielt Methling: Als Mitarbeiter des Senatsbeauftragten Karl-Ernst Eppler schickte man ihn zu den Initiatoren der geplanten Hanse Sail, mit dem Auftrag, darauf zu achten, „dass da nichts aus dem Ruder läuft!“

Später hatte Roland Methling das Ruder selbst in der Hand und sorgte bis 2005 dafür, dass das Sail-Büro und ab 1994 auch der Hanse Sail Verein erfolgreich Kurs hielten – Kurs bei einem der weltweit größten und beliebtesten maritimen Feste. Die Reederei allerdings, sprich die Stadtverwaltung der Hansestadt, blieb skeptisch bis zu seiner Wahl zum Oberbürgermeister. Roland Methling war ein Sail-Kapitän, wie er nicht im Buche steht. Er wurde auf Grund seiner mitunter unkonventionellen Wege und Methoden argwöhnisch aus den Fenstern des Rathauses beobachtet und musste die eine oder andere Stellungnahme schreiben.

Die Skepsis gab es auch schon beim Verfassen der Geburtsurkunde trotz der Begründungen, warum ein so großes Fest und Seglertreffen sinnvoll für Rostock sei, erinnert sich Methling. Das war wenig überraschend, denn damals war die Idee Neuland. Im Antrag Nr. 107/1990 schrieb aber schließlich der damalige Oberbürgermeister Klaus Kilimann an den Präsidenten der Bürgerschaft der Hansestadt Rostock, Christoph Kleemann: „Sehr geehrter Herr Präsident! Auf Grund der besonderen Bedeutung des Vorhabens Hanse Sail ’91 für die Hansestadt Rostock und ihre Bürger bitte ich um Beschlußfassung entsprechend Anlage 2.“ Der Antrag umfasste vier Punkte und wurde am 5. Dezember 1990 mit einer Ergänzung beschlossen, die die „umweltgerechte Abwicklung“ anmahnte. Nicht nur dieser Beschluss zeigte einen außergewöhnlichen Mut zum Risiko. Auch und gerade die Organisatoren mussten ihn im folgenden halben Jahr tagtäglich aufbringen. Weil sie nicht wussten, ob ihre Ideen organisatorisch umsetzbar sein, ob Großsegler und vor allem Zuschauer kommen würden. „Wir waren weder davor noch danach so froh über eine Staumeldung wie über die am ersten Sailtag 1991. Es war eine wirkliche Erlösung.“ Der Mut zum Risiko hatte sich gelohnt. Und zwar nachhaltig.

*Klaus-Dieter Block*

Rostocks Oberbürgermeister Roland Methling (rechts) und der norwegische Bootsbauer Peter Hellan Hansen (links) bei der Jungfernfahrt mit einem am Sail-Sonntag 2014 kurz vorher zu Wasser gelassenen Boot. Auch das zeigt Mut zum Risiko.

## Ehrenamt und Bürgerbewegung

# Die ehrenamtliche Basis der maritimen Feste

## ▪ Die Hanse Sail – vom Hoffnungsprojekt zum internationalen Markenzeichen

Am Anfang war das Traditionsseglertreffen wohl eher ein von Euphorie und Hoffnungen getragenes Projekt. Die Hanse Sail im Juli 1991 stellte einen seltenen historischen Glücksfall dar. Die für viele „verrückte Idee", auch in Rostock ein Windjammertreffen wie in Bremerhaven zu organisieren, kam von „unten". Nicht auf Beschluss eines politischen Gremiums, sondern auf „Druck" von Sail-Aktivisten und gegen den Widerstand vieler Skeptiker. Aber das „Ja" des damaligen Oberbürgermeisters Klaus Kilimann und der Bürgerschaft öffnete schließlich die Schleusen für ein beispielloses Bürgerprojekt, dessen Erfolg allerdings auch auf der kommunalen Unterstützung und der Partnerschaft mit ca. 50 Sponsoren beruht.

Ein Beweggrund, sich zu engagieren, kommt in der Geschichte sonst leider nicht oft vor: die Chance zur Weltoffenheit. Die Begeisterung für Schifffahrt und Schiffbau spielt gleichfalls eine entscheidende Rolle – wie der Hauch von Abenteuer, den Akteure und Besucher als frischen Sturm erleben.

Viele in maritimen Bereichen der Hansestadt Werktätige, die in der Fischerei, auf den Werften oder bei der Volksmarine arbeiteten, sahen in den frühen Neunzigern ihre beruflichen Existenzen bedroht und hofften auf eine neue Chance.

Erfreulich ist die Tatsache, dass das Projekt Hanse Sail auch nach mehr als einem Vierteljahrhundert zu wesentlichen Teilen auf dem Bürgerengagement beruht. Nicht nur die Hanse Sail selbst ist zu einem internationalen Markenzeichen geworden, sondern auch das Bürgerprojekt als ihre organisatorische und emotionale Basis.

## ▪ Die Warnemünder Woche – Bürgereinsatz auf dem Wasser und an Land

Auch die sportliche Schwester des Traditionsseglertreffens, die Warnemünder Woche, wäre nicht ohne eine breite Bürgerbeteiligung denkbar. Im Vergleich zur Hanse Sail ging es hier nach der Wiedervereinigung nicht darum, völlig bei „Null" anzufangen, sondern die Segelveranstaltung, die 1926 zum ersten Mal ausgetragen worden war, unter veränderten gesellschaftlichen und damit auch finanziellen Bedingungen fortzusetzen. Dem Warnemünder Segelclub (WSC) mit seinem damaligen und langjährigen Regattaleiter Uwe Jahnke und mit engagierten ehrenamtlichen Mitstreitern gelang es, die Warnemünder Woche zu bewahren und neu zu beleben.

Traditionell ist in Warnemünde die „Helferparty", zu der mehr als 200 Ehrenamtliche eingeladen werden: von den Wettfahrtleiter-Teams, die aus Segelclubs der ganzen Bundesrepublik kommen, über internationale Schiedsrichter bis hin zu den zahlreichen Jugendlichen, die hier oft ihre ersten organisatorischen Erfahrungen sammeln.

Die Einheit und Kombination von Wasser- und Landprogramm, so die inzwischen akzeptierte Erkenntnis, ist der Garant für den Erfolg der Warnemünder Woche. Das

Sie gehören schon fast zum Inventar der maritimen Feste in Rostock und Warnemünde: die Sänger des Shanty-Chors „Luv un Lee".

„Sommerfest" ist in Kooperation mit der Agentur KVS eine Sache von Vereinsmitgliedern, die selbstredend ehrenamtlich arbeiten. So gestaltet der Warnemünde Verein e. V. den „Warnemünner Ümgang", einen lebendigen Umzug mit bis zu 3000 Beteiligten. Weitere Akteure organisieren das Beachhandball-Turnier, das Waschzuber-Spektakel oder das Drachenbootrennen ebenso wie das Shantychor-Singen und das Trachtentreffen.

*Klaus-Dieter Block*

Abel Tasman

## Vier Akteure der 1. Stunde über den Start des Rostocker maritimen Festes

# Leinen los!

### ▪ Hartwig Kalisch

Zwischen dem Frühherbst 1990 und dem Sommer 1991 lag eine Phase voller Zweifel und Selbstzweifel. Es war die hohe Zeit der Bedenkenträger und der kurzen Nächte für die Organisatoren. „Können die das?" … „Können wir das?" – so oder ähnlich lauteten die nagenden Fragen.

Hartwig Kalisch, der im November 1990 in die Organisation einstieg, skizzierte später die damals zu überwindenden Schwierigkeiten: „Der skeptischen Anfangsfrage nach den fehlenden Großschiffen folgten nun Bedenken über eine mögliche Blamage, wenn die erwartete Gastgeberrolle für Schiffe, Besucher und Bürger nicht gelingen sollte. Die Kaianlagen waren teilweise in einem schlimmen Zustand, anliegende Hafenflächen ebenfalls. Wo sollte der hohe Besuch untergebracht werden? Parkplätze für mehrere hunderttausend Besucher waren nicht vorhanden, wie sollte die Versorgung funktionieren, wer konnte das alles bezahlen, wer trug ein mögliches Defizit? Vielleicht war eine Absage doch besser als eine Blamage?"

Diese Frage schwebte noch bis April 1991 über den Organisatoren und der Hansestadt Rostock. Kalisch notierte nach einem gemeinsamen Rapport mit Karl-Ernst Eppler, dem Leiter des Hafenwirtschaftsamts Rostock und des

Hartwig Kalisch

Seite 22: Schön, rasant bei vollen Segeln und für Mitfahrten offen: der Zweimastschoner Abel Tasman

Koordinierungsausschusses, und seinem Mitarbeiter Roland Methling im Rathaus, wo über Weiterführung oder Abbruch der Arbeiten entschieden wurde: „Der Oberbürgermeister Dr. Klaus Kilimann hat die Angelegenheit mit einem Kernsatz entschieden. Auf die Frage eines der anwesenden städtischen Juristen, ob denn die Hansestadt Rostock auch das Risiko eines möglichen Defizits tragen solle, antwortet er: ‚Na wer denn sonst!' Nun ist auch für den letzten Anwesenden klar, dass die Hanse Sail 1991 nicht eine Seglerparty von Einzelpersonen ist, sondern eine Veranstaltung der Hansestadt Rostock, mit allen Rechten und Pflichten eines Veranstalters."

## ▪ Peter Rath

Peter Rath hat bis in das Jahr 2004 die Druckerzeugnisse des maritimen Festes produziert, darunter das Hanse Sail Magazin, den Sail Kalender und ab 1997 das Magazin aktuell.

„Es war eine spannende und zugleich schwierige Zeit. Die neue Freiheit hatte für viele zur Folge, ‚frei von Arbeit' zu sein. Was bislang wichtig gewesen war, galt nun als falsch; Unbekanntes, nicht immer Gewolltes, kam über zahlreiche Menschen.

Und in dieser angespannte Atmosphäre gingen Mutige – Frauen und Männer aus der maritimen Wirtschaft, aus den Medien und den Marinen – daran, etwas ganz Eigenes, vordem nie Dagewesenes anzupacken. Ihnen gelang es, die Rostocker nicht nur zu begeistern, sondern Begeisterung in Mittun umzumünzen, auch in der Auseinandersetzung mit Besserwissern ganz gleich aus welcher Region oder Couleur. All das setzte diese einmaligen, so nie wiederkehrenden Emotionen frei und den Willen zum Erfolg, zum Beweis eigener Fähigkeiten."

Peter Rath

## ▪ Günter Senf

Seit Anfang an ist Günter Senf, Fregattenkapitän der Volksmarine a.D., Chef-Betreuer der Hanse Sail.

„Wir konnten ein Team von über 120 Personen gründen. Es ist auch bei jeder Sail, oft teils mit neuen Gesichtern, ein Erfolgsgarant. Die erste Sail ist mir unvergesslich. Östlich der Elbe etwas ganz Eigenes, Unverwechselbares innerhalb von wenigen Monaten zu entwickeln und es qualitativ

Günter Senf

Bremerhaven, Kiel und Hamburg gleich zu tun, war für mich besonderer Anreiz. Die Teilnahme bekannter Großsegler und die Stimmung übertrafen meine Erwartungen. Ich wünsche mir heute ein noch besseres Nutzen aller Potenzen unserer Stadt. Ich bin Optimist: Auch die Hanse Sail-Veranstaltungen der Zukunft werden nach dem Vorbild der ersten Hanse Sail 1991 viele positive Eindrücke und wunderbare Erlebnisse bringen."

### ▪ Helmut Stolle

Helmut Stolle war von 1973 bis 2000 Kapitän auf der „Wilhelm Pieck", der heutigen „Greif", die seit 1991 mit der „Stettin" bei jeder Hanse Sail dabei war. Auch er erinnert sich: „Bei Windjammerparaden ist es international üblich, dass ein Marineschiff die Parade anführt. Das wäre die ‚Gorch Fock' der Bundesmarine gewesen. Man trat diesen ‚Ersten Platz' aber an die ‚Greif' ab. Das war eine großartige Geste, eine Anerkennung für die Region, das Schiff, für alle und alles, was zur 1. Hanse Sail geleistet worden war. Die Anstrengungen haben sich gelohnt. Die Hanse Sail war und ist ein großer Tourismusmagnet und ein Höhepunkt für die freundschaftliche Verbindung der Völker."

*Klaus-Dieter Block*

Dezember 2014

## Holger Bellgardt

# Rostocker-Sieben-Meilen-Stiefel! Aber gut eingelaufen

Im Jahr 2005 übernahm Holger Bellgardt die Leitung des Hanse Sail-Büros von Roland Methling, der im Frühjahr desselben Jahres zum Rostocker Oberbürgermeister gewählt wurde.

**Dein „Steckbrief" in Stichworten?**
Jahrgang: 1961, in Rostock aufgewachsen. Abitur, Studium an der Hochschule für Verkehrswesen Dresden: Technische Verkehrskybernetik; Berufseinstieg im Seehafen Rostock, Assistent der Geschäftsführung. Eine prägende Etappe meines Lebens. Seit 1998 im Hanse Sail-Büro, zunächst eher ein Zufall. Aber es passte, auch weil ich nicht so weit weg war vom Studierten und Gelernten beim Berufsstart. Verheiratet. Sohn und Tochter sind erwachsen und berufstätig.

**Wie groß waren 2005 die „Schuhe" Deines Vorgängers, in die Du geschlüpft bist? Was ist heute anders als damals?**
Das waren schon „Botten", die da standen. Rostocker-Sieben-Meilen-Stiefel! Aber gut eingelaufen. 1991er Hand- und Qualitätsarbeit. Kann man sich heute immer noch mit sehen lassen, vorausgesetzt, man pflegt sie. Es gab aber auch immer Menschen, die aufgepasst haben, dass ich mit den „Dingern" nicht gestolpert bin. Dazu zählt auch der Erstbesitzer. Danke!

**Seite 26:** Holger Bellgardt, seit 2005 Leiter des Hanse Sail-Büros

**Was läuft gut?**
Die Hauptakteure, die Traditionsschiffe, sind Stammgäste. Und es werden immer mehr. Auch der Besucherzustrom ist stabil. Das Engagement vieler Menschen für die Sail ist beeindruckend. Deshalb ist sie gewachsen, ist erwachsen.

**Was bedrückt Dich oder beschert Dir schlaflose Nächte?**
Wir haben um-, an-, eingebaut. Die Kosten sind gestiegen und nur begrenzt zur Verfügung stehende Mittel führen zu Einschränkungen. Das belastet.

Die Infrastruktur reicht nicht mehr: Im Stadthafen muss gebaggert werden, in Warnemünde fehlen Liegeplätze für die Windjammer.

**Was freut Dich?**
Wenn ich anderen helfen kann. Wenn mir geholfen wird. Und ... ich brauche ständig Hilfe.

**Was ärgert Dich?**
Ich bin ein gründlicher Mensch, so sagt man mir nach. Nachlässigkeit, Flüchtigkeit und daraus resultierende Fehler ärgern mich.

**Was ist Dir wichtig?**
Mit Menschen anderer Nationalität, Sprache, Kultur, mit anderen Wertvorstellungen zu tun haben zu können.

Holger Bellgardt und die Helfer aus dem Hanse Sail-Büro, 2013

**Was machst Du besonders gern?**
Urlaub in Mecklenburg-Vorpommern oder Brandenburg. Egal, zu welcher Jahreszeit. Am liebsten mit dem Rad … und mit meiner Frau! Viel zu selten ist dafür allerdings Gelegenheit. Sie ist Lehrerin. Wenn die großen Sommerferien sind, herrscht im Sail-Büro Hochbetrieb.

**Was machst Du nicht (mehr) oder ungern?**
Rauchen. Seekrank werden.

**Was wünscht Du Dir für 2018?**
In der Hansestadt ein Theater fürs Theater, für die Rostocker und unsere Gäste.

*Das Gespräch führte Klaus-Dieter Block*

Alte und neue Schifffahrt beieinander – typisch für Warnemünde während der Hanse Sail

JULI 2010

## Jochen Bertholdt

# Der Grafiker und das Meer

Er ist einer der letzten seiner Art: Jochen Bertholdts sorgfältiger Feder- und Pinselstrich hat längst auch das Bild der Hanse Sail geprägt. Die Erneuerung der Orientierungspläne für den Stadthafen und Warnemünde ist nur eine seiner Arbeiten für das maritime Fest. Er gestaltete Schiffsbriefmarken und Stempel und zeigte seine Bilder in Ausstellungen. „Am besten habe ich die Ausstellung auf dem Betonschiff 1997 zusammen mit Armin Münch und Karl-Heinz Kuhn in Erinnerung", erzählt der Grafik-Designer aus Rostock. Mit allen Mitarbeitern der Hanse Sail habe er stets ein sehr kollegiales Verhältnis gehabt: „Ich fühle mich bei der Hanse Sail wie zu Hause".

Die Hanse Sail sieht Jochen Bertholdt für seine Stadt als ein Geschenk an. „Die Rostocker sind wirklich das begeisterungsfähigste Völkchen, das man sich vorstellen kann. Wenn ich da an die Turmhaube von St. Petri denke – oder eben an die Hanse Sail. Dieser Enthusiasmus trägt das maritime Fest bis heute." Seit der ersten Hanse Sail richtet der Hobbyfotograf seinen Jahresplan nach dem Ereignis aus. „Ich liebe es, mit den Füßen in der Ostsee zu stehen – vor mir Schiffe, hinter mir Menschen", schwärmt er. Sowohl die gute Stimmung als auch die Lust auf Ferne reizen ihn. Eine besondere Liebe verbindet den Technik-Begeisterten mit der STETTIN. Der Ehrendampflokführer ist selbst schon auf dem schwerfälligen, aber PS-starken Eisbrecher „mitgedampft".

Dank Jochen Bertholdts Orientierungsplänen finden die Besucher der Hanse Sail ihren Weg zur STETTIN oder zu jedem anderen Standort mühelos.

*Annika Schmied*

Mit dem Dampfeisbrecher STETTIN fühlt sich Jochen Bertholdt in besonderer Weise verbunden.

Seite 31: Jochen Bertholdt präsentiert die neuen Orientierungspläne für die Hanse Sail.

Juli 2013

## Wettfahrtleiter Rainer Arlt

# Die Regatta der Traditionssegler

Rainer Arlt wohnt seit 1986 in Rostock, stammt ursprünglich aus Berlin. Seine Liebe zum Wasser fand der 1961 Geborene dort als Kind im „Haus der Pioniere", wo er ein Jahr lang Bootsbau in der „AG Basteln" und der „AG Schiffsmodellbau" betrieb. Verwirklicht wurde ein kleiner Optimist aus Holz, den im folgenden Sommer der kleine Rainer „einsegeln" durfte. Der zehn Jahre alte Bastler entschied damals, dass ihm Modellbau wichtiger sei als Segeln. Mit 13 Jahren änderte sich diese Meinung. „Ich wurde Mitglied in der Gesellschaft für Sport und Technik (GST) und fing mit Kuttersegeln an. Anschließend ging ich zur Volksmarine und begann meine Offiziersausbildung in Stralsund", sagt der heutige Wettfahrtleiter.

### ▪ Auf dem Weg zu Olympia

Über seinen Sohn fand Arlt später zum Sport zurück. „Zusammen mit Hansi Petrowski organisierte ich im Sommerlager des See- und Segelsportvereins der Hansestadt Rostock das Startschiff." Es folgten die Lizensierung zum Wettfahrtleiter und Schiedsrichter und über den Segler-Verband Mecklenburg-Vorpommern die Qualifizierung zum Wasserschiedsrichter. „Mit der Zeit kam auch die fachliche Anerkennung hinzu", erklärt Arlt. Der Joersfelder Segel-Club lud ihn zu Kutter-Regatten ein und auch bei der Kieler Woche konnte Rainer Arlt schon als Wettfahrtleiter brillieren. „Mir fehlt in meiner ‚Karriere' im Grunde nur noch eine internationale Lizenz", sagt er schmunzelnd. „Für Olympia vor Rostock würde meine Qualifikation aber schon reichen."

Von der Bastel AG zum weitgereisten nationalen Wettfahrtleiter: Rainer Arlt kümmert sich um die Regatta der Traditionssegler und die Haikutter-Regatta.

## ▪ Regattaleiter mit Augenmaß

Bis 2010 hatte Uwe Jahnke den Hut bei der Leitung der Wettfahrt der Traditionssegler während der Hanse Sail auf. Dabei treten seit 1993 die stattlichen Segler in unterschiedlichen „Gewichtsklassen“ vor Warnemünde gegeneinander an.

„Seit 2011 bin ich nun verantwortlich und kann mich noch genau erinnern, wie Mike Knobloch vom Büro Hanse Sail mich um die Unterstützung der Traditionssegler-Regatta bat“, sagt Arlt. Beide kannten sich bereits durch dessen Trainer-Dasein in Berlin. „Obwohl es sich bei den großen Schiffen weniger um sportliches Segeln handelt, muss man dennoch faire Regatta-Bedingungen schaffen.“ Damit gemeint ist, dass die meisten Traditionsschiffe Schwierigkeiten auf der Kreuz- und dem Vorwindkurs haben. Am besten fahren die behäbigen Schiffe mit Wind, der seitlich ins Segel trifft, also auf Halbwindkurs. Wird die imaginäre Start- und Ziellinie durch den Wettfahrtleiter festgelegt, hat er unter anderem diesen Winkel in der Hand. Attraktiv für die Zuschauer ist darüber hinaus ein Kursverlauf parallel zum Strand. „Es wird schon etwas unübersichtlich, wenn sich quer durch das Regattafeld unbeteiligte Segler bewegen oder weitere Teilnehmer spontan hinzukommen. Manchmal wird die Regatta auch begonnen und aufgrund des Termindrucks von Mitseglern vorzeitig abgebrochen. „Hier würde ich mir für die kommenden Jahre wünschen, dass etwas mehr Disziplin beim An- und Abmelden per Funk vorherrscht. Im Großen und Ganzen ist es aber eine schöne Regatta, und bisher lief alles sicher, fair und unfallfrei ab“, erklärt Arlt. „Meine Begeisterung für Traditionsschiffe motiviert mich, aber auch das Lob der Regatta-Teilnehmer über Funk, beispielsweise ‚Das Bier steht an der Pier‘.“

2016 traten bei der Hanse Sail die GREIF und TOLKIEN gegeneinander an.

*Gesine Schuer*

JUNI 2012

### Birgit Müller war schon bei der 1. Hanse Sail dabei!

# Alles Müller, oder was?

Müller ist der häufigste deutsche Familienname. Als Birgit Müller beim NDR anfing, gab es drei weitere Kolleginnen mit gleichem Vor- und Zunamen. Um den häufigen Verwechslungen zu entkommen, hat sie sich im internen Mail-Verkehr den Zusatz „Fernseh-Müller" gegeben. Heute weiß man in Mecklenburg-Vorpommern, wer Birgit Müller ist. Nicht nur in maritim interessierten Kreisen kommt die Antwort: „Das ist doch die, die auch durch die NDR-Sondersendung zur Hanse Sail bekannt geworden ist. Die kleine, schwarzhaarige, quirlige." Genau, das ist sie, aber sie macht natürlich viel mehr.

## ▪ Berufliche Erfolgsgeschichte

Die Fakten in der Beziehung zwischen Birgit Müller und dem maritimen Fest sind verblüffend. Sie war schon bei der Hanse Sail 1991 dabei. Ihre Sail-Premiere hatte sie am Mikrofon bei der „Ferienwelle" auf einem stark schlingernden und vibrierenden Schlepper. „Damals hätte ich nie gedacht, dass es eine zweite Sail oder gar diese lange Erfolgsgeschichte geben würde", sagt die diplomierte Journalistin mit der Spezialrichtung Hörfunk. Nach dem Studium in Leipzig arbeitete sie zunächst beim Jugendsender DT-64 in Berlin. Die gebürtige Güstrowerin zog es aber wieder in den Norden. Sie fand bei der Ferienwelle und ab 1992 beim neu gegründeten NDR Mecklenburg-Vorpommern ihre berufliche Heimat und steht seit 1994 vor der Kamera. Und

Sail Ahoi: Birgit Müller am Mikro der „Ferienwelle"

das jedes Jahr am 2. August-Wochenende in Rostock und Warnemünde.

So kommt es, dass Birgit Müller bei der Hanse Sail (fast) alles kennt. Große, kleine, berühmte Traditionsschiffe, wie z. B. die BOUNTY, von der der NDR berichtete. Sie kennt alle Wetter zur Sail vom Kaiserwetter über Nebel bis zum Sturm. Auch die Regen-Sail 2011 hat sie mit ihrem Team erlebt, „als uns tatsächlich vieles von der Technik abgesoffen ist". Birgit Müller hat auf hoher See moderiert, immer standhaft und selten grün werdend. „Mitunter war mir mulmig, aber bisher habe ich alles recht gut überstanden", erzählt die Mutter eines Sohnes und einer Tochter, die gemeinsam mit ihrem segelbegeisterten Mann in der Nähe von Güstrow lebt.

Aufgrund ihrer zwei Jahrzehnte Sail-Erfahrung kennt sie Dutzende Geschichten, die sie in hohem Tempo und mit unbändigem Temperament erzählen kann. Zum Beispiel von einem Pflaster gegen Seekrankheit, das eigentlich hinter das linke Ohr gehört, plötzlich aber auf ihrem Pulli in Brusthöhe saß und Anlass gab zu der Frage: „Und das hilft?"

Birgit Müller hat alle bisherigen Oberbürgermeister der Hansestadt, alle Ministerpräsidenten Mecklenburg-Vorpommerns, viele Bundespolitiker, darunter Bundeskanzler Gerhard Schröder, sowie zahlreiche Leute des Sail-Büros und -vereins befragt. Sie stand zwar nicht mit allen, aber doch sehr vielen Spezialisten der Traditionssegler-Szene vor der Kamera. Mit der fachkundigen Hilfe ihres NDR-Kollegen Lutz Riemann, des Rostocker Skippers Norbert „Jimmy" Rathge, des segelnden Holländers Stephan Kramer oder des Hamburger Segelsport-Experten Christoph Schumann hat sie den Zuschauern zum Beispiel den Unterschied zwischen einer Brigg und Brigantine erklärt oder spannende Schicksale von Schiffen erzählt.

Birgit Müller

*Klaus-Dieter Block*

Leviathan

Ob auf dem Wasser oder zu Lande: Bei den maritimen Festen in Warnemünde und Rostock ist viel los.

Juli 2011

## Michael Ebert

# Eine Großveranstaltung aus Sicht der Polizei

Damit sich sehr viele Menschen an mehreren Tagen amüsieren können, müssen wenige besonders gründlich und gewissenhaft arbeiten. So ist es auch um die Rostocker Polizei bestellt, die die Hanse Sail seit Anbeginn begleitet. Dabei läuft das normale Tagesgeschäft der Polizei gewohnt weiter und auf der Sail werden zusätzliche Kräfte eingesetzt.

Polizeioberrat Michael Ebert, der seit März 2011 die Rostocker Polizeiinspektion leitet, hofft in erster Linie, dass die Polizei während der Hanse Sail gar nicht so sehr wahrgenommen wird, auch wenn die Vorbereitung und die vier Veranstaltungstage sehr aufwändig sind.

Bereits viele Wochen vorher werden enge Abstimmungen mit der Verkehrsbehörde, dem Büro Hanse Sail, der Ordnungsbehörde und dem Jugendamt getroffen. „Wir kümmern uns gemeinsam um ausreichend Rettungswege und kooperieren mit dem Jugendamt, damit z. B. Maßnahmen zur Einhaltung des Jugendschutzgesetzes geplant werden können."

### ▪ Einsatz während der Sail

Während der Sail sind Hubschrauber, Fährtenhunde und Tauchergruppen im Einsatz. Zudem wird eigens eine mobile Wache eingerichtet. Eine zusätzliche Befehlsstelle befindet sich in der Polizeiinspektion – diese koordiniert alle Polizeikräfte. Die mobile Wache im Stadthafen dient auch

Polizeioberrat Michael Ebert

als Anlaufstelle für Besucher: „Tagsüber haben wir immer wieder Anfragen nach vermissten Personen, die aus den Augen verloren wurden, aber auch abgeschleppte Fahrzeuge sind ein Thema. Ganz besonders groß ist natürlich die Freude, wenn vermisste Kinder wieder an ihre Eltern übergeben werden können."

Die Abendstunden liefern meist andere Problematiken. Dann benötigen einige „erlebnisorientierte Jugendliche" manchmal eine Ermahnung. Oftmals erfordert ein Einsatz eine Vielzahl an Maßnahmen, die parallel ablaufen müssen. Typisch hierfür sind die „Schwerpunkttage" Freitag und Samstag. „Wir bündeln unsere Kräfte dann je nach Bedarf. Freitagnacht z.B. hatten wir im letzten Jahr 70 zusätzliche Beamte im Einsatz", erklärt der Polizeioberrat.

In den letzten Jahren wurden zahlreiche Maßnahmen ergriffen, um die Sicherheit der Veranstaltungsbesucher weiter zu erhöhen. Zu den Neuerungen gehört beispielsweise die Absperrung der Bundesstraße parallel zur Bummelmeile im Bereich des Stadthafens unmittelbar vor und nach dem Feuerwerk, um eine ungefährliche Querung zu ermöglichen. Vor allem nach dem schrecklichen Unglück während der Love-Parade im Sommer 2010 hat die Rostocker Polizei ihr gesamtes Sicherheitskonzept überprüft – insbesondere hinsichtlich der Breite von Wegen und Rettungsgassen.

Besonders in den Abendstunden sind die Einsatzkräfte gefordert.

Straftaten sind auf der Hanse Sail grundsätzlich rückläufig, Körperverletzungsdelikte bei solchen Großveranstaltungen leider aber nicht ganz zu vermeiden. Abschließend bekräftigt Michael Ebert noch einmal seinen eingangs geäußerten Wunsch: „Auch wenn es für unsere Führungskräfte eine permanente Anspannung bedeutet, so freuen wir uns doch auf die Sail."

*Gesine Schuer*

Die Rostocker maritimen Feste bieten allen Altersgruppen Abwechslung.

Juli 2015

## Inga Knospe ist Geschäftsführerin des Großmarktes Rostock

# Der Markt zur Hanse Sail

Seit 1990 wirtschaften wir nicht mehr nach dem Gesetz der planmäßig proportionalen Entwicklung der Volkswirtschaft, sondern der unsichtbare und unberechenbare Markt bestimmt unser Handeln. Im Unterschied zur Weltmarktbewegung des Kapitals ist der viertägige Markt im Rostocker Stadthafen nicht unsichtbar, sondern sehr anschaulich. Das verleitet so manchen kritischen Beobachter dazu, immer wieder Ratschläge zu geben, wie man ihn gestalten müsse. Planmäßig proportional sozusagen. Zum Beispiel: Warum gibt es nicht mehr maritime Produkte? „Weil der Markt das nicht will, sprich die Nachfrage zu gering ist und die Händler mit Leuchttürmen, Buddelschiffen oder maritimen Accessoires zu wenig verdienen", bewertet Inga Knospe die Situation nüchtern. Die 1983 Geborene ist seit März 2015 Geschäftsführerin der „Rostocker Großmarkt GmbH". Die gebürtige Neubrandenburgerin hat sich in der Bewerbungsrunde durchgesetzt und konnte dabei Markterfahrungen aus Kanada, der Messe in Bremen oder zuletzt mit ihrer eigenen Agentur einbringen.

Die Rückkehr aus Bremen an die Ostsee begründet die sportbegeisterte junge Frau auch damit, dass sie es hier bis zum Wasser, zum Surfen oder Paddeln, nicht so weit hat. Gute Kondition, das weiß sie, ist als Geschäftsführerin solch eines Großmarktes gefragt. Ihr Terminkalender war schon kurz nach ihrem Start voll. Auf der Agenda des Großmarktes stehen neben dem Tagesgeschäft weitere anspruchsvolle Veranstaltungen vom Fischerfest in Greifswald bis zum Rostocker Weihnachtsmarkt.

Inga Knospe antwortet auf Fragen mit nordostdeutscher Gelassenheit und Zurückhaltung, will sich zunächst ein Bild machen, bevor sie schon nach kurzer Zeit ansagt, wo es nun lang geht. Aber sie weiß, und spricht das auch an, dass der Sail-Markt gut funktioniert und sie Mitarbeiter hat, die über lange Erfahrungen bei seinem Aufbau und Betreiben verfügen. Heiko Lange zum Beispiel, der zudem ein bewährter und gestandener Partner des Sail-Büros ist. Und es ist zunächst beruhigend zu wissen, dass der Hanse Sail-Markt als Markt funktioniert, dass die Nachfrage der Händler größer ist als das Angebot, dadurch Wettbewerb existiert und letztlich die Einnahmen eine wichtige Finanzierungssäule der Hanse Sail darstellen. Dennoch sieht Inga Knospe sich natürlich in der Pflicht, in enger Kooperation mit dem Sail-Büro das Projekt weiterzuentwickeln, zum Beispiel den Sektor „Internationaler Markt" zu stärken. Ein ganz wichtiges Feld, mit dem die junge Frau gleich zu Beginn konfrontiert war, ist das neue Sicherheitskonzept für die maritime Veranstaltung.

Sie guckt auf die Uhr – und sprintet los zum nächsten Termin.

*Klaus-Dieter Block*

Verantwortlich für den Markt im Rostocker Stadthafen: Inga Knospe

Kulinarische Freuden, Verkaufsstände …

... die Bummelmeile während der Hanse Sail

Willkommen | Welcome

## Dank an Helfer und Unterstützer der Warnemünder Woche

Es können gar nicht genug Helfer mit anpacken, wenn jährlich zur Warnemünder Woche Teilnehmer aus mehr als 30 Nationen an Land und auf dem Wasser koordiniert werden müssen.

AUGUST 2015

## Dank an Helfer und Unterstützer der Hanse Sail

Rund 200 professionelle und ehrenamtliche Betreuer sind zu jeder Hanse Sail im Einsatz. Ihre Aufgaben reichen dabei u.a. von der Schiffsbetreuung, über die Begleitung von Künstlern, der Mitarbeit im Backstage-Bereich der Hanse Sail-Bühne, die Unterstützung im Bereich Technik und Fuhrpark bis hin zur Vorbereitung und personellen Absicherung von Ausstellungen des Hanse Sail Vereins. Am Montag nach der Sail lädt der Oberbürgermeister der Hansestadt traditionell Helfer und Unterstützer der maritimen Großveranstaltung noch einmal in den Stadthafen ein, um ihnen für ihren unermüdlichen Einsatz zu danken. Im Anschluss an den offiziellen Teil der Zusammenkunft wird auf einem der Teilnehmerschiffe Aufstellung für das jährliche „Danke-Schön-Foto" genommen, das zur bleibenden Erinnerung in zahlreiche Foto-Alben eingesteckt wird.

*Britta Trapp*

Juli 2016

## Antje Missing

# Das Race Office als zentrale Anlaufstelle für alle Segler

„Klar nehme ich mir Zeit für euch“, hat Antje Missing geantwortet, als wir sie gefragt hatten, ob wir ein kurzes Porträt der fleißigen Helfer im Race Office Hohe Düne machen könnten. Kaum haben wir uns hingesetzt, klingelt schon wieder das Handy der Standortmanagerin. „Das sind die Schlauchis“, erklärt sie uns, und meint damit die Schlauchbootfahrer. Diese warten auf die Kranleute, welche die 2.4mR-Jollen in ihre Boxen schleppen sollen. Zwei Telefonate später ist das Problem geklärt. Willi Bunge eilt zum Kran. „Danke dir“, freut sich Antje, „ich gebe den Schlauchis Bescheid.“

Rund 800 Segler finden in der Bootshalle der Yachthafenresidenz Hohe Düne ihre zentrale Anlaufstelle. Das etwa 20-köpfige Team rund um Antje Missing und Race Office-Leiterin Petra Müller sorgt für eine angenehme Rundumbetreuung. Die Anmeldungen werden entgegengenommen, Parkkarten und Duschmarken verteilt, Campingplätze zugewiesen, die Tracker (Radar) ausgegeben und bei den internationalen Regatten auch die Boote vermessen. Die Betreuung erfolgt im 24-Stunden-Dienst. Jeder von einer Wettfahrt ankommende Segler erhält ein Einlaufbier und einen kleinen Snack – auch wenn es, wie manchmal bei der „hanseboot Rund Bornholm“, mitten in der Nacht ist.

„Die Warnemünder Woche ist wirklich ein tolles Team-Erlebnis“, schwärmt Petra Müller. „Die Helfer kommen von überall her und sind alle freundlich und flexibel.“ Antje Missing bestätigt: „Wenn Not am Mann ist, helfen alle aus!“ Der Warnemünder Woche-Virus hat die meisten von ihnen längst infiziert – wer einmal mitgemacht hat, kommt immer wieder.

*Annika Schmied*

Antje Missing (Mitte) und ihr Team

Nur auf den ersten Blick verwirrend: Die Segler machen sich geordnet für die Wettfahrten bereit.

JULI 2017

## Immo Stange und Gerhard Wölk

# Die Zwei von der Tankstelle

Diese Information überrascht dann doch: Während der Warnemünder Woche werden bis zu 6 000 Liter Sprit verbraucht! Die Betankung selbst erfolgt durch Mitarbeiter einer Firma. Aber die Registrierung der genauen Tankmengen für den Einsatz der Schlauchboote, die zur organisatorischen und logistischen Absicherung der Segelregatten nötig sind, übernehmen während der Veranstaltung Immo Stange und Gerhard Wölk. Der gebürtige Dresdner Stange lebt seit 1952 in Warnemünde und ist seit über 60 Jahren Mitglied des Warnemünder Segel-Clubs (WSC). Sein Kollege Wölk war einst Leistungssegler in der Starboot-Klasse, hatte in den 60er-Jahren seine größten sportlichen Erfolge – und auch für ihn ist es selbstverständlich, während des Warnemünder Segelevents von 8 bis 18 Uhr für den WSC ehrenamtlich Dienst zu tun. Immo Stange charakterisiert ihr Tagesgeschäft so: „Oft passiert lange nichts, und dann kommen viele Boote auf einmal. Zum Beispiel am Ende der Veranstaltung, wenn die oft gemieteten Boote vollgetankt zurückgegeben werden müssen."

Dann ist richtig was los. Rund 20 Meter liegen zwischen der „Zapfpistole" und den Zahlen an der Tanksäule. „Mobilität ist gefragt. Und somit sind ‚junge Leute' wie wir hier richtig am Platz", freuen sich beide an dem sonnigen Nachmittag verschmitzt.

*Klaus-Dieter Block*

Immo Stange (links) und Gerhard Wölk sind ehrenamtliche Tankwarte auf Zeit.

Seite 53: Selbst bei Segelwettbewerben wird Benzin benötigt.

207809
RUS

Juli 2016

## Inge Regenthal

# De Niege Ümgang: Ein fröhlicher Ausnahmezustand

Fröhlich, bunt, spritzig, witzig und lebensfroh – so möchte der Warnemünde Verein den Niegen Ümgang Jahr für Jahr präsentieren. Schon mehr als vierzigmal wurde mit ihm das Sommerfest der Warnemünder Woche im Ostseebad eröffnet.

„Wenn wir am ersten Samstag im Juli ab 10 Uhr durch die Straßen Warnemündes ziehen,“, so Inge Regenthal vom Verein, „können die Besucher bis zu dreitausend Aktive aus verschiedenen Genres vom Traditionsverein über Sport und Gewerbe bis hin zum Gartenverein erleben. Alle Teilnehmer zeigen und kleiden sich nicht nur in ihrem Vereinsdress, sondern haben sich stets etwas einfallen lassen, um ihr Können in den dreimal je fünf Minuten andauernden Stopps des Festumzuges zu präsentieren.“ Dabei bleibt der Zuschauer oftmals nicht passiv, sondern wird ebenso munter mit einbezogen. Tanz, sportliche Darbietungen, Gesang und andere Musik sind zu erleben. Und neben treuen Gästen, wie den Piraten aus Grevesmühlen, kommen seit vielen Jahren auch Vereine aus Falster, Dänemark.

Wie selbstverständlich werden diverse historische Figuren von Warnemündern und begeisterten Anhängern verkörpert; sei es der „Tiedingsbringer“, der früher von der Mole Ausschau nach einlaufenden Segelschiffen hielt, oder seien es die Warnemünder Frauen in Alltagskleidung beziehungsweise Feiertagstracht. In dieser Kombination stellt jeder Ümgang eine Verbindung von Tradition und Moderne dar, die im besten Fall vom Leuchtturmvereinschef höchstselbst kommentiert wird. Und damit niemand den Rundgang verpasst, wecken das schläfrige Ostseebad bereits um 8 Uhr morgens stilecht zwei Blas-Kapellen.

Inge Regenthal und Hans-Jürgen Richert im Jahr 2012 in ihrem Warnemünder Büro

Die Ümgangsstrecke der letzten Jahre: Am Leuchtturm (Start) – Alexandrinenstraße – Kirchenstraße – Kirchenplatz – Mühlenstraße – Kurhausstraße – Seestraße – Bühne Am Leuchtturm (Ziel).

## ▪ Warnemünde Verein

Der Gemeinnützige Verein für Warnemünde e.V. ist der Initiator und Organisator des Landprogramms der Warnemünder Woche. Ohne den Warnemünde Verein, wie er kurz genannt wird, wäre das maritime Sommerfest Anfang Juli in dem Seebad nur die Hälfte wert. Und ohne Ingeborg (Inge) Regenthal, die seit mehr als zwei Jahrzehnten die „Geschäfte" führt? „Niemand ist unersetzlich", meint die gelernte Betriebsschlosserin und verweist gleichzeitig auf Mitstreiter in der Vereinsspitze, wie auf Hans-Jürgen (Hansi) Richert.

Alles, was sie sagt, lässt ahnen, dass sie sich schon lange der Warnemünder Traditionspflege widmet und zeugt von ihrem Engagement für diese schöne Aufgabe. Als 1976 in der Warnowwerft anlässlich der Arbeiterfestspiele der „Warneminner Ümgang" ins Leben gerufen wurde, war Inge dabei. Während der mehr als 40 Auflagen wurde er modifiziert, heißt jetzt der „Niege Ümgang" und bildet längst den Auftakt der Warnemünder Woche.

Der Umzug mit historischen Persönlichkeiten und Originalen schließt auch Neptun und seine Nixen ein. „Im Vorfeld laufen bei uns die Anmeldungen der Teilnehmer mit Ideen, Vorschlägen und Wünschen auf. Den Ümgang gestalten dann schließlich 2500 bis 3000 Mitwirkende", erläutert die gebürtige Warnemünderin. Das will erst einmal koordiniert werden.

Während des Zuges sind 30 bis 40 Vereinsmitglieder als Ansprechpartner und Betreuer ebenso dabei wie beim Shantychor-Singen oder am Verkaufsstand mit Getränken.

Der „Niege Ümgang" – längst eine Tradition in Warnemünde

Von den rund 150 Mitgliedern des Vereins, die auch aus Berlin oder Düsseldorf stammen, ist ungefähr die Hälfte ganzjährig aktiv – auch bei den anderen Jahreshöhepunkten: dem „Stromerwachen" Anfang Mai, dem „Stromfest" Anfang September oder bei den regelmäßigen monatlichen Veranstaltungen. „Wie viele ehrenamtliche Vereine haben auch wir ein Nachwuchsproblem. Aber wir haben gut zu tun und sind ein sehr lebendiger Verein, der mit vielen Partnern, wie dem Leuchtturmverein, dem Museumsverein oder der Warnemünder Trachtengruppe, nicht nur die Traditionspflege hoch hält, sondern auch gern etwas Neues ausprobiert", fasst Inge Regenthal die Stimmungslage zusammen.

*Gesine Schuer, Klaus-Dieter Block*

Juni 2016

## Karin Scarbarth und die Warnemünder Trachtengruppe

# Lebendiges Brauchtum

Die Warnemünder Trachtengruppe e. V., 1976 gegründet, ist eine Volkstanzgruppe mit 37 Mitgliedern. Sie widmen sich original norddeutschen Volkstänzen und pflegen auch die niederdeutsche Sprache. Jedes Jahr nimmt der Verein am „Niegen Ümgang" teil und gestaltet das Eröffnungsprogramm rund um den Leuchtturm am ersten Veranstaltungstag aktiv mit. Ein wesentlich kultureller Höhepunkt der Warnemünder Woche ist das „Warnemünder Trachtentreffen". Es wird von der Trachtengruppe organisiert und mit Unterstützung des Warnemünde Vereins jeweils am zweiten Sonntag der Veranstaltung durchgeführt. Dabei verkörpern die Damen und Herren Personen, die früher im Fischerort Warnemünde gelebt haben. Die Kleidung ist jener aus der Zeit um 1840 nachempfunden.

Trachtenpflege ist ein zeit- sowie kostenintensives Hobby. Für eine Männertracht sind rund 700 € und für eine Frauentracht 500 € zu berappen. Eine handgefertigte Strohschute kommt auf rund 250 € und ein Zylinder für die Männer auf 92,00 €. Während die Männer von einem Rostocker Schneider ausgestattet werden, näht die Frauentrachten die Vereinsvorsitzende Karin Scarbarth in liebevoller Handarbeit selbst. Die Details, wie die Stickereien auf dem Brusttuch und der kleinen Kappe, müssen die Frauen allerdings selbst anfertigen.

„Die größte Hürde bei der Organisation des Trachtentreffens", so Karin Scarbarth, „ist die Anmeldung der geladenen Trachtengruppen. Obwohl die Einladungen bereits in den Wintermonaten rausgehen, vergessen etliche Gruppen die Meldung und ich muss viel hinterhertelefonieren. Da andere Vereine so einen Event nicht selbst organisieren, ist für sie der Arbeitsaufwand vielleicht schwer nachzuvollziehen." Aber das Zusammentreffen mit anderen Gruppen bringe viele Vorteile mit sich. Man sähe immer neue Volkstänze, die dann selbst eingeübt werden könnten.

„Leider haben wir kaum Nachwuchs, da die jungen Menschen heute andere Prioritäten setzen", ergänzt Scarbarth. Dabei ist der Terminplan gut gefüllt. Mitstreiter, möglichst zwischen 20 und 50 Jahren, werden händeringend gesucht. „Sie sollten aber Tanzbeine mitbringen!" Der Verein freut sich über jede Form der Aufmerksamkeit innerhalb der sportlichen Segelveranstaltung. „Denn der normale Zuschauer kommt meines Erachtens mit unserem Programm mehr in Kontakt als mit den Aktionen auf dem Wasser", findet die Vorsitzende und merkt noch an: „Wir sind wichtig, weil ohne uns kein Hahn mehr nach den alten Traditionen und Bräuchen krähen würde." Es sei erstaunlich, wie wenig selbst Warnemünder über die Kleidung und das Leben der Fischer aus den letzten Jahrhunderten wüssten. „Demnach ist für uns die Warnemünder Woche eine tolle Möglichkeit, die Trachten zu zeigen, über unsere Traditionen zu reden und anderen Menschen mit unseren Tänzen Freude zu bereiten."

*Gesine Schuer*

Die Warnemünder Trachtengruppe ist auch fester Bestandteil der mehrmals im Jahr stattfindenden Port Partys.

Möchte nicht noch einmal 13 Jahre warten, um wieder mitzusegeln: Uwe Jahnke (3. von links).

Juli 2013

## Uwe Jahnke

# hanseboot Rund Bornholm als Geburtstagspräsent

„Happy Birthday to you!“, sang die Seglergemeinde 2013 am Vorabend zum Start von hanseboot Rund Bornholm im alten Lokschuppen. Gemeint war Uwe Jahnke, der am 7. Juli 2013 seinen 73. Geburtstag feierte.

Sozusagen als Geburtsgeschenk für sich selbst, nahm der langjährige Vorsitzende des Warnemünder Segel-Clubs und ehemalige Hauptwettfahrtleiter der Warnemünder Woche mit seinem Team, sieben erfahrenen Seglern, an der hanseboot Rund Bornholm Regatta teil. Am Mittwoch, dem 10. Juli, passierte die Ventus II die Ziellinie an der Warnemünder Mittelmole. „Es war das erhoffte schöne Erlebnis und hat Spaß gemacht“, resümierte Uwe Jahnke. „Ganz zufrieden bin ich nicht, weil wir auf dem Rückweg von Bornholm in der Flaute hängengeblieben sind. So hat es nicht für ganz vorn gereicht.“ Das Boot mit der Segelnummer 5422 wurde Vierter in der Gruppe ORC 2. „Während meiner Verantwortung für die Warnemünder Woche war es natürlich nicht möglich, selbst diesen attraktiven Törn zu segeln. Bis auf eine Ausnahme: Das Geschenk der Mannschaft der Warnemünder Woche zu meinem 60. Geburtstag war die ‚Freistellung‘ für die Teilnahme an der Rund Bornholm.“

Für die nächste Runde um die dänische Insel werden für den ambitionierten Segler Uwe Jahnke und seine Crew garantiert nicht wieder 13 Jahre vergehen …

*Klaus-Dieter Block*

Maritimes Flair par excellence

# Welt trifft Offenheit

# Welt trifft Offenheit in Rostock

## Die Attraktivität der maritimen Feste

Was bewegt Schiffseigner, Skipper und Crews, Segelsportler, Politiker und Geschäftsführer aus der ganzen Welt, nach Rostock zu kommen? Die Attraktivität, die Anziehungskraft der Hanse Sail und der Warnemünder Woche hatten nach der „Wende" zunächst viel mit der Neugier zu tun, wie es hinter dem ehemaligen „Eisernen Vorhang" aussah. Und mit der Neugier der Hansestädter auf die neuen Gäste, die 1991 aus vielen Teilen der Welt kamen.

Inzwischen bietet Rostock auch eine Plattform für Skipper wie Arved Fuchs und Cornelius Bockermann, die mit Aktionen ihrer Traditionsschiffe auf den Zustand der Weltmeere und des globalen Klimas aufmerksam machen.

Ausdruck der Attraktivität der beiden Feste sind die Besucherzahlen. Bei der Hanse Sail ist es rund eine Million, die Warnemünder Woche zieht bis zu 700 000 an.

### ▪ Nordostdeutsche Herzlichkeit als Rostocker Vorzug

Sowohl in Rostock als auch in Warnemünde wird bei zahlreichen Partys, Empfängen oder Siegerehrungen für die Segler nordostdeutsche Herzlichkeit praktiziert.

Die Regie für die „Gastlichen Mecklenburger" bei der Hanse Sail liegt in den Händen von Ehrenamtlern, die rund 40 Restaurants dafür begeistern, Schiffsbesatzungen zu empfangen und kostenlos zu bewirten. Ein weiteres Alleinstellungsmerkmal der Hanse Sail ist das sogenannte Betreuersystem. Hunderte Menschen, vom Schüler bis zum rüstigen Rentner, haben hier seit 1991 mitgewirkt.

„Business meets Hanse Sail" gehört in die Kategorie „Geschäftswelt trifft Offenheit" und ist als eigener Programmpunkt mittlerweile fester Bestandteil des maritimen Festes.

Und oft sind es nicht nur rationale Gründe, die so viele Menschen an die Warnow führen. Es sind die Stimmung, die Atmosphäre und nicht zuletzt die Bilder, die hochrangige Politiker, Bundespräsidenten, Bundeskanzler, viele Bundesminister, Ministerpräsidenten des Landes Mecklenburg-Vorpommern oder Botschafter und Diplomaten genießen.

Der gerade in unseren Tagen auch politisch bedeutsame Spruch „Welt trifft Offenheit" erfährt eine wichtige praktische Realisierung zur Warnemünder Woche. In den Einheitsklassen gingen 2016 702 Boote aus 33 Ländern an den Start! Darunter aus Australien, China, Indien, Neuseeland, Russland, Singapur, Polen, Russland, Südafrika, der Ukraine und den USA.

### ▪ Engagement der Hansestädter für „ihre" Ausländer

Die Hansestadt und ihre Bürger haben lange und enge Beziehungen zu den russischen Schiffen und ihren Besatzungen. Zur 27. Hanse Sail kamen die drei „Großen" SEDOV, KRUSENSTERN und MIR und wurden von den Rostockern

Warnemünder Woche und Hanse Sail: Feste mit internationaler Anziehungskraft

und ihren Gästen durch Mitsegeltörns und bei „Open Ship“ erobert.

Auch außerhalb der beiden maritimen Feste finden Aktionen statt, die Offenheit in einer komplizierter gewordenen Welt demonstrieren.

Anlässlich des 2. Russlandtages in Mecklenburg-Vorpommern begab sich im Mai 2016 die Mir auf eine „Friedensfahrt“ mit Menschen aus 20 Nationen, die in der Hansestadt leben. An Bord fand so etwas wie eine Delegiertenkonferenz von Menschen statt, deren ursprüngliche Heimat vielfach zu den aktuellen Brennpunkten der Welt gehört. Der Törn war ein beeindruckendes Zeichen für das Engagement von Rostockerinnen und Rostockern für „ihre“ ausländischen Mitbürger, egal ob sie hier studieren und arbeiten oder nach ihrer Flucht seit kurzem in der Stadt ein neues Zuhause haben und eine Perspektive suchen.

*Klaus-Dieter Block*

Arved Fuchs

Juli 2016

## Arved Fuchs und Dagmar Aaen nach Südpol-Expedition in Rostock

# Botschafter des Klimawandels und der Traditionsschiffe

Unter dem Titel „Ocean Change" brach der Bad Bramstedter Arved Fuchs (geboren 1953) am 5. August 2015 vom Hamburger Hafen mit seinem Segelschiff Dagmar Aaen in Richtung Feuerland auf. Seine Expedition hat das Ziel, die zahlreichen Veränderungen der Ozeane aufzuspüren und zu dokumentieren. Akute Themen sind die Überfischung sowie die zunehmende Verschmutzung der Meere und als Folge der Artenschwund. Direkt nach der Heimkehr besuchte Fuchs mit seinem Haikutter Dagmar Aaen die Hanse Sail 2016.

**Wohin führte Sie die Expedition „Ocean Change" und was sind Ihre Ziele?**

Nach rund 15 Jahren Erkundungen auf der Nordhalbkugel hat uns die aktuelle Expedition mal wieder gen Süden geführt. Wir haben dabei Europa, Afrika und Südamerika angesteuert und dort mit Einheimischen – vor allem den Fischern – gesprochen. Dann ging es rund Kap Hoorn nach Feuerland und von dort aus durch die Drake-Passage zur Antarktischen Halbinsel. Auf dem Rückweg trotzten wir unter anderem den Roaring Forties in der berüchtigten Westwindzone.

**Können Sie uns schon einen Ausblick auf die Ergebnisse der Expedition geben?**

Unsere Expedition hatte verschiedene Zielsetzungen. Zum einen haben wir zwei Dokumentationen für das ZDF über das Kap Hoorn sowie den Forschungsreisenden Gunther Plüschow, der in der 30er-Jahren mit einem der Dagmar Aaen ähnlichen Schiff nach Feuerland segelte, gedreht, zum anderen haben wir drei Dokumentationen für National Geographic Deutschland angefertigt. Von Chile bzw. Argentinien aus wollten wir zudem schwer erreichbare Inseln ansteuern, um dort Pinguine mit Satellitensendern auszustatten. Leider konnten wir wegen der Witterung die Inseln aber nicht anlaufen. Dafür haben wir beim Thema Fischerei und Verschmutzung der Meere zahlreiche Daten

Zurück vom Südpol: die Dagmar Aaen

Sie war eine der großen Sehenswürdigkeiten der Hanse Sail 2016: die Dagmar Aaen

gesammelt. Die heimischen Fischer berichteten, dass sie kaum noch Fische fangen, und leider stießen wir auch auf Müll – sogar in der Kap Hoorn-Region fanden wir Plastikschwemmgürtel. Das System ist aus der Balance – und das hat Auswirkungen auf uns alle!

**Warum haben Sie sich die Hanse Sail als „Zieleinlauf" für die Expedition ausgesucht?**

Mit Rostock und dem Hanse Sail-Büro bin ich eng verbunden. Schon mehrfach habe ich hier Vorträge gehalten und 2012 auch schon einmal an der Hanse Sail teilgenommen. Ich habe sie sehr gut in Erinnerung und wollte der Crew nach der ein Jahr andauernden strapaziösen Reise einen angenehmen Abschluss gönnen! Außerdem finde ich es gut, dass hier ein modernes und aktives Beispiel der Traditionsschifffahrt gezeigt wird. Die Segler sollten nicht nur in Häfen liegen, sie sind zu langen Reisen fähig – die DAGMAR AAEN ist der beste Beweis dafür. Und sie ist nicht nur etwas für Erfahrene – meine Crew besteht zu einem großen Teil aus jungen Leuten!

**Wie geht es denn Ihrem Haikutter?**

Die DAGMAR AAEN freut sich schon auf die Begegnung mit ihren „Verwandten" bei der Haikutter-Regatta. Die Expedition hat sie bewundernswert gut überstanden. Sie ist dicht, trotzte der Tropenhitze genauso wie dem antarktischen Eis. Natürlich wird sie von der Crew auch liebevoll gepflegt, denn sie ist ihr Zuhause und ihre „Lebensversicherung". Es gibt wirklich nichts Besseres für ein Schiff, als in Fahrt zu sein!

*Annika Schmied*

Engagiert: Arved Fuchs

Seit 1977 unternimmt Arved Fuchs Expeditionen. Sein Schwerpunkt sind die polaren Zonen der Erde und die Ozeane. Mit seinem Segelschiff DAGMAR AAEN hat er als erster Mensch komplett den Nordpol umrundet, dabei die Nordost- und Nordwestpassage durchquert und all das ohne die Unterstützung von Eisbrechern. Weitere Höhepunkte seiner 33 Expeditionen waren die Durchquerung des grönländischen Inlandeises sowie das Erreichen des Nord- und Südpols auf Skiern innerhalb eines Jahres (1989) – auch dies als erster Mensch überhaupt. Zuvor war ihm bereits die bis heute einzige Winterumrundung des legendären Kap Hoorns in einem Kajak gelungen.

Eine Seefahrerfamilie: die Toellers

Oktober 2011

## Toppsegelschoner Gulden Leeuw

# Vier „Löwen“ sind mutig und gewinnen

„Was sind die Vor- und Nachteile eines Toppsegelschoners, z.B. gegenüber einem Schoner oder einer Bark?“, fragten wir die Eigentümer und Skipper der Gulden Leeuw Arjen und Charissa Toeller sowie Robert und Mirjam Postuma. Die „Löwen“ antworteten: „Unser Architekt des Schiffes, Klaas Huizinga, ist begeistert von Großseglern und hat unser Schiff auf See getestet.“ Toppsegelschoner gehören zur Familie der Rahschoner. Das sind Schoner, die an einem oder mehreren Masten Rahtoppen fahren.

### ▪ Ein mutiger Plan

Doch zunächst ein Rückblick: Als die vier aus dem niederländischen Kampen stammenden Segler auf der Hanse Sail 2009 erzählten, dass sie 2010 ein großes Segelschiff in Dienst stellen wollten, staunten die Sail-Organisatoren nicht schlecht. Dieses Staunen plus Respekt erfuhr eine Steigerung, als sie die Details erfuhren: ein Dreimast-Toppsegelschoner, 70 Meter lang und mit einer Segelfläche von 1400 Quadratmetern. Zum Vergleich: Die alte Bark Alexander von Humboldt hatte 1010 Quadratmeter. Diese mutigen segelnden Holländer! Ihr Rostocker Erstanlauf folgte ein Jahr später während des Jungferntörns zur Hanse Sail.

### ▪ Stimmiges Gesamtkonzept

Warum also ein Rahschoner? „Es gibt sehr viele Gründe, ein bestimmtes Rigg zu wählen. Wir haben es uns dabei nicht leicht gemacht. Es geht ja bei dieser Entscheidung nicht nur um das Segelschiff, sondern um das gesamte Charterkonzept. Das Endprodukt der Arbeit von vielen Monaten soll einen bestimmten Markt und spezielle Fahrgebiete bedienen. Rahsegel sind auf Events populär, eine Gaffeltakelage geht eher in Richtung ‚Yacht-Look‘, was manche Kunden mehr anspricht. Ein Vorteil eines Toppsegelschoners ist“, so Arjen Toeller weiter, „dass man mit einer kleinen Crew fast jeden Kurs gut segeln kann. Besser als einen Schoner ohne Rahsegel. Wir können hoch am Wind segeln, das bringt Geschwindigkeit und mehr Meilen Richtung Ziel. Ein Nachteil ist, dass man vor dem Wind nicht so gut segelt, so dass man kreuzen muss.“

### ▪ Keine Schnapsidee

War das abenteuerlich, ein Schiff dieser Dimension privat zu finanzieren? Toellers und Postumas machten bei allen Begegnungen seit der überraschenden Nachricht einen gelassenen Eindruck. Die noch jungen „Löwen“ sind angenehm selbstbewusst. Der Neuaufbau basierte natürlich nicht auf einer „Schnapsidee“, sondern auf einer mehr als zehnjährigen Erfahrung sowohl mit Großseglern als auch im Chartergeschäft. Ihr Mut, die Dinge mit einem Löwenherzen selbst in die Hand zu nehmen, wurde belohnt.

*Klaus-Dieter Block*

Die GULDEN LEEUW bei der Einfahrt in Warnemünde

Zum Küssen schön: die MERCEDES

Oliver Wipperfürth, Eigner und Skipper der MERCEDES

NOVEMBER 2014

## Oliver Wipperfürth hat hohe Ansprüche an sich und sein Team

# Schwarzes Schaf unter weißen Segeln?

Den Stammbesuchern der Hanse Sail ist ein Segelbild vertraut: Die Brigg MERCEDES segelt mit Vollzeug um den Molenkopf und der Kapitän des 50 Meter langen Schiffes lässt die Rahsegel eisern stehen – meist den ganzen Weg durch das enge Fahrwasser der Warnow bis in den Rostocker Stadthafen. Die Warnow flussabwärts bis zum Liegeplatz der Großsegler unter voller Besegelung zu passieren, scheint für viele andere Kapitäne der Großseglerflotte nicht nötig zu sein. Die Gäste, ob zu Land, an Bord der MERCEDES oder an Bord eines anderen Schiffes, erfreuen sich jedoch stets an diesem einmaligen Anblick.

Bereits im Hanse Sail Magazin 2014 thematisiert, wollen wir noch einmal nachhaken, weil diese Art der Einfahrt wohl mehr als eine „Show" ist und sich eine interessante „Philosophie" dahinter verbirgt.

Der Eigner und Skipper Oliver Wipperfürth führt seit mehr als zwei Jahrzehnten Traditionssegler, kaufte 1994 die BARTELE RENSINK und hat sowohl mit Schonern als auch mit Rahseglern Erfahrungen gemacht.

„Mit einem Schoner geht das auch, wobei man hier zum Segel Bergen in den Wind drehen muss, damit die Gaffelsegel gut fallen. Bei einem Rahsegler kann man die Segel auf allen Kursen bergen und somit langsam Segelfläche reduzierend bis zum Hafen letzte Segel, meist die Marssegel, führen. Aber es ist nicht nur die Lust am Segeln, sondern hat etwas mit dem Selbstanspruch zu tun. Ich bin Unternehmer und die Kunden kaufen bei mir ein Produkt ein, das ich ihnen so spektakulär wie möglich liefern möchte."

Nicht umsonst hat die MERCEDES seit über zehn Jahren treueste Stammkundschaft auf der Hanse Sail und auch auf vielen anderen Festivals entlang der deutschen Nord- und Ostseeküste. Den hohen professionellen Anspruch stellt Oliver Wipperfürth auch bei seiner Besatzung. Tipp topp gekleidet, immer freundlich und hilfsbereit muss sie sein, zügig die Segel setzen und nach der Fahrt erst klar Schiff machen, bevor dann auch mal die Meile am Stadthafen besucht werden kann.

Damit es in Zukunft weitergeht, muss man sich immer wieder neu erfinden, so der Mittvierziger und Vater von zwei Kindern. Mit An- und Abreise per komfortablem Reisebus holen wir unsere Gäste selbst aus Nordrhein-Westfalen an die Küste zu den maritimen Events und letztendlich auf die MERCEDES – ein echtes Highlight für die Landratten."

Dem kalten Winter zum Trotz plante Wipperfuerth schon im Jahr 2012 Einsätze in der Karibik, gründete dort ansässige Firmen, um die lokalen Gesetze zu erfüllen, und fährt inzwischen dort regelmäßig sechs Wintermonate lang Tagesfahrten. Und die häufigeren Atlantiküberquerungen lösen bei der Crew immer wieder sehr große Begeisterung aus.

*Klaus-Dieter Block*

Januar 2017

## Karin Nagel

# Mecklenburger Gastlichkeit in aller Mund

Manchmal bedeutet der Sail-Alltag für die Crews der Teilnehmerschiffe einfach nur Stress. Zu zwei oder mehr Törns brechen die meisten von ihnen täglich auf. Dafür ist u.a. Rein-Schiff zu machen, das Essen vorzubereiten – und die Gäste müssen an und von Bord gebracht werden. Hinzu kommen die logistischen Herausforderungen, angefangen von Strom und Internet bis hin zum Einkauf von Lebensmitteln, Gas oder Treibstoff. Damit die Hanse Sail für ihre Gäste trotzdem angenehm ist, wurde bereits 1991 ein Betreuersystem mit mehr als 150 Ehrenamtlern eingerichtet. Diese begrüßen die Gastcrews, helfen ihnen, sich zurechtzufinden, lösen Probleme und laden sie zu verschiedenen Veranstaltungen ein. Neben den Anmeldezetteln zur Captains und Engeneers Reception oder zum Rostocker Pils Fußball-Turnier haben sie auch die zur Aktion „Gastliche Mecklenburger" dabei.

Bereits 1992 entstand die entsprechende Idee. Der Wirt der Gaststätte „St. Georg" lud eine Schiffsbesatzung der Hanseatischen Hafentage spontan ein und bewirtete sie mit regionalen Köstlichkeiten. Anekdoten wurden erzählt, gelacht, geschlemmt – und schon verbreitete sich in den anderen Häfen der Ruf von den freundlichen Mecklenburgern mit ihrem leckeren Essen, der guten Laune und dem entspannten maritimen Event am zweiten August-Wochenende. Auch Harry Fiedler hörte davon und führte von da an jedes Jahr am Sonntagabend der Sail die „Gastlichen Mecklenburger" im Auftrag der Hanse Sail-Organisatoren durch. 2001 übergab er das Amt an Ulrich Hellmuth und Anngret Ede – damals wurden bereits mehr als 350 Besatzungsmitglieder von mehr als 30 Restaurants bewirtet. 2015 gaben die beiden über 70-Jährigen den Staffelstab an Karin Nagel ab. Die Betriebswirtin suchte, nachdem sie in Rente gegangen war, neue Herausforderungen.

### ▪ Individuelle Betreuung

„Es macht wirklich Spaß, dieses Projekt zu betreuen. Die Crews der Schiffe, deren Betreuer und die Hotel- und Gaststätten-Mitarbeiter – alle sind wie eine große Familie", schwärmt das Hanse Sail-Vereinsmitglied. „Nachdem mir die Aufgabe übergeben wurde, habe ich zunächst jeden Wirt einzeln besucht – und das sind mittlerweile rund 40 – weil es wichtig ist, dass man sich persönlich kennt. Ich bin überwältigt, wie individuell und kreativ die Crews bewirtet werden. In einem Restaurant waren zum Beispiel einmal Gäste mit Allergien dabei und die Köche haben für sie die entsprechenden allergiefreien Gerichte zubereitet." Der Betreuer Jörg Hartmann fasste die Bewirtung der Crews einmal wie folgt zusammen: „Alle guten Worte wären einfach zu wenig!"

*Annika Schmied*

Karin Nagel betreut das Projekt „Gastliche Mecklenburger“.

Aus der Schweiz extra
zur Hanse Sail angereist:
Beat Schenk.

## Wie halten Sie es mit der Hanse Sail, Beat Schenk?

# Lebenslange „Fernbeziehungen"

**2012 waren Sie das erste Mal auf der Hanse Sail, wie kam es dazu?**
Ein Meer voller Segel, große und kleine Schiffe, die auf der Warnow auf und ab paradieren, großartige Möglichkeiten, all dies aus unmittelbarer Nähe zu sehen und dazu noch selber auf einem Traditionssegler mitfahren zu können – all dies vermittelt seit Jahren die TV-Berichterstattung (NDR, MDR) von den Hanse Sails. Das kommt auch in der Schweiz gut an – und so ist die Idee bei den Tall Ship Friends Switzerland entstanden, die Hanse Sail zu besuchen. Wir wollten uns zum 20-jährigen Bestehen unserer Vereinigung mal was „Besonderes" leisten.

**Was ist Ihnen deutlich in Erinnerung geblieben?**
Menschen, die uns mit ihrer ruhigen Freundlichkeit und offensichtlichem Interesse den Aufenthalt so angenehm gestalteten. Dazu gehörten die Crew unseres Ausflugschiffs Fulvia, hilfreiche Bus-Chauffeure, die uns die besten Wege zur Sail empfohlen haben, und nicht zuletzt auch die Kellnerinnen in diversen Restaurants, die auch im größten Ansturm noch freundliche Worte fanden.

**Wie kommt ein Schweizer zum Segeln – und dann auch noch zu Großseglern?**
So typische Binnenländler sind wir gar nicht. Immerhin verkehren heute rund vierzig Handelsschiffe unter Schweizer Flagge auf allen Meeren. Aber Mitanpacken auf Großseglern? Aus den unzähligen individuellen Biografien nun die meine: Da gab es die alten Bücher aus dem Regal meiner Eltern – erbauliche Geschichten für Jungs zu Kaisers Zeiten: „An der Waterkant" (Schauplätze Rostock und Warnemünde) oder „Die zwei Matrosenbibeln" (eine Meuterei auf einem Windjammer), dann Fridtjof Nansens „In Nacht und Eis". Thor Heyerdahls „KonTiki" war ein Geburtstagsgeschenk. Mit dem Super-Cinemascope-Film „Windjammer"

Eines der von Beat Schenk bewunderten Schiffe: die Christian Radich

von 1957 war dann das Virus gesetzt: In Basel musste eine ganze Messehalle ausgeräumt werden, um auf der Riesenleinwand die Atlantikreise des norwegischen Segelschulschiffs CHRISTIAN RADICH bewundern zu können.

**Welches ist die prägendste Erinnerung, die Sie an einen Großsegler haben?**
Das war mein erster Törn auf genau dem Schiff, das im „Windjammer-Film" gezeigt worden ist: auf dem dritten norwegischen Segelschulschiff CHRISTIAN RADICH. 2003 fuhren wir von Oslo in die französische Hafenstadt Rouen. Wir hatten herrliches Segelwetter, starke und aus allen möglichen Richtungen drehende Winde. Es gab viel zu tun und ich hatte echte, lange anhaltende Glücksgefühle. Als ich in Rouen ankam, hat meine Frau mich jedoch kaum wieder erkannt, so verbeult, verschrammt und zerzaust wie ich war.

**An welchen Punkten könnte unsere maritime Veranstaltung noch arbeiten? Was hat in Ihren Augen gut funktioniert?**
Alle 222 alten Schiffe, all die Galeassen, Kutter, Schoner, Windjammer und Dampfer im Rostocker und Warnemünder Hafen unterzubringen – das verdient Respekt und Bewunderung. Manchmal wird man aber auch Opfer des eigenen Erfolgs: Eine Million Besucher, das bedeutet an manchen neuralgischen Punkten Stillstand und Gedränge. Zum Beispiel am Passagierkai in Warnemünde. Dort lag die Viermastbark KRUSENSTERN – ein Hot Spot erster Güte. Der Rummelplatz mit dem kleinen Riesenrad daneben wäre da gar nicht nötig gewesen.

*Das Gespräch führte Gesine Schuer*

Fast schon eine Kennmarke der Hanse Sail: die KRUSENSTERN

Selbst jene, die keinen Platz auf einem der Schiffe ergattern konnten, haben von vielen Stellen aus beste Einblicke ins maritime Geschehen – wie hier am Passagierkai in Warnemünde.

Maritimes Flair pur. Wer die Schiffe erlebt …

… weiß, warum die maritimen Feste in Rostock und Warnemünde derart erfolgreich sind.

Januar 2015

## Die Rostockerin Sabine Fox lebt heute in den Niederlanden

# One-Way-Ticket zu sich selbst

Der Besuch zur 25. Hanse Sail in Rostock und an der ehemaligen Wirkungsstätte im Stadthafen ist für Sabine Fox anders als die normalen Visiten in der alten Heimat. Sie reiste „offiziell“ auf die Hanse Sail – als Teammitglied der Tres Hombres, die als Frachtsegler auf den Weltmeeren unterwegs ist.

### ▪ Back to the Roots

In Rostock steht alles unter der Überschrift „Fair Trade“. Bei strömendem Regen werden die fair gehandelten Waren von Bord der Tres Hombres entladen. Sabine Fox ist zufrieden: Das, was am Anfang als Spinnerei von Weltverbesserern angesehen wurde, findet heute Anerkennung. „Wir alle müssen etwas tun, um unsere Erde und ihre Natur zu erhalten. Und mehr darüber nachdenken, was wir konsumieren, woher unsere Produkte kommen und wie sie transportiert werden.“

Das Schiff trägt sich nach komplizierten Anfangsjahren selbst, der Kredit ist abgezahlt. Mithilfe der Tres Hombres wurde bereits das Leben vieler Menschen positiv beeinflusst. Zahlreiche Mitsegler kommen sprichwörtlich „back to the roots“ und verändern oftmals ihren Lebensstil.

### ▪ Kein Kauderwelsch

Sabine Fox hat Jura studiert und mit beiden Staatsexamen abgeschlossen. Nach ihrem Studium versuchte sie vergeblich, in der gesättigten Rechtsbranche Arbeit zu finden. Um Brötchen zu verdienen, heuerte sie in der Tall-Ship Buchungszentrale des Hanse Sail Vereins an.

Hier hat sie das „Makeln“ gelernt, den Umgang mit den nicht immer einfachen Agenturen und Skippern, darunter auch mit den „segelnden Holländern“, die auf der Hanse Sail mit rund 40 Schiffen die größte Flotte nach Deutschland stellen. 2007 nahm sie dann das Job-Angebot einer Mitsegel-Agentur in den Niederlanden an. „Es war ein One-Way-Ticket, da ich schon in Rostock gekündigt hatte. Gesagt, getan, die Möbel in den Anhänger und los ging es. Dabei wollte ich nie aus Mecklenburg weg. Ich mag Land und Leute – es ist eben mein Zuhause.“

Anfangs war es schwer. Heute spricht sie fließend Niederländisch und betreibt ein eigenes Übersetzungsbüro. Der mutige Schritt in das westliche Nachbarland bedeutete so auch ein „One-Way-Ticket“ in die Selbstständigkeit. Und noch ein bisschen mehr „zu sich selbst“.

*Klaus-Dieter Block*

Sabine Fox (2. von links) und die Crew der Tres Hombres

Die vielen ausgelassenen Menschen beweisen es – das Engagement der Rostocker für ihre maritimen Großereignisse lohnt sich und wird von den Besuchern hnoriert.

Gut gesichert in den Rahen. Aber Mut braucht es trotzdem …

Cornelius Bockermann

JANUAR 2017

## Cornelius Bockermann und der Frachtsegler AVONTUUR

# Rum für den 800. Geburtstag der Hansestadt

Avontuur ist das niederländische Wort für Abenteuer. Es ist auch der Name eines Schiffes mit ganz und gar nicht abenteuerlicher Philosophie. Der 1920 gebaute Gaffelschoner wurde 2014 von Cornelius Bockermann erworben und zwei Jahre lang in Elsfleth an der Unterweser in seinen ursprünglichen Zustand als Frachtsegler zurückgebaut. Seither transportiert der 44 Meter lange Zweimaster Waren zwischen Europa und der Karibik. Der 1959 geborene Bockermann will mit dem Projekt Timbercoast ein Zeichen für die Umwelt setzen. „Unser Schiff ist ein Bindeglied zwischen nachhaltigen Produzenten und verantwortungsbewussten Verbrauchern. Wir tragen dazu bei, die Schadstoffbelastung auf der Erde zu verringern und die Umwelt zu schonen", erläutert der Kapitän. „Unser Segelschiff ist nicht die Lösung aller Probleme, aber es zeigt die richtige Richtung." Auf ihrer „Jungfernfahrt" 2016 war die AVONTUUR auch zu Gast auf der Hanse Sail in Rostock und warb an der Warnow für einen klimafreundlichen Warentransport unter Segeln.

### ▪ Nachhaltige Alternative

2014 war bereits der niederländische Frachtsegler TRES HOMBRES Gast der Hanse Sail und warb für die Ideen von „Fair Trade" und nachhaltigem Transport. Cornelius Bockermann hat gute Gründe für sein Projekt sowie für eine Allianz mit der TRES HOMBRES und weiß, was auf dem Spiel steht. Er war selbst mehr als 20 Jahre in der Transportschifffahrt aktiv und registrierte mehr und mehr ihre Auswirkungen auf die Luft- und Meeresverschmutzung. Bockermann verweist auf erschreckende Zahlen, zum Beispiel: „Allein die 15 größten Hochseefrachter stoßen mehr Treibhausgase aus als alle Autos dieser Welt zusammen."

Zum Abschluss der Hanse Sail 2016 lud Cornelius Bockermann Oberbürgermeister Roland Methling und die Crew der Hanse Sail auf sein Schiff ein.

AVONTUUR

## Maritime Fertigkeiten und ökologisches Gewissen

Frachtreisen führen die AVONTUUR durch die Karibik, über den Golfstrom des Atlantiks bis in die Biskaya. „Neben fünf Leuten als Stamm-Crew fahren wir mit bis zu zehn Trainees. Dabei möchten wir maritime Fähigkeiten vermitteln wie Segel setzen und Arbeiten in der Takelage, das Steuern des Schiffes oder die traditionelle Technik des Auf- und Abladens der Fracht sowie die astronomische Navigation“, informiert der Captain. „Mittlerweile kommen unsere Trainees aus der ganzen Welt – vor allem, weil sie vom Sinn des Projektes überzeugt sind“, freut sich Cornelius Bockermann über die steigende Resonanz.

Zum Ersteinlauf der AVONTUUR in Rostock erhielt Bockermann eine Plakette, überreicht von Klaus-Dieter Block.

## Edler Tropfen für den Stadtgeburtstag

Zum Abschluss der Hanse Sail 2016 lud Cornelius Bockermann den Oberbürgermeister der Hansestadt Rostock, Roland Methling, und die Organisations-Crew der Veranstaltung auf sein Schiff ein. Dabei entstand die Idee, ein Fass Rum für Rostock an Bord der AVONTUUR zu bringen. „Im Jahr 2018 feiern wir den 800. Geburtstag unserer Hansestadt. Das könnte ein schöner Anlass sein, den Rum nach Rostock zu bringen“, regte der Oberbürgermeister an. Gesagt getan: Ein Barrel Rum wurde an Bord der AVONTUUR geladen. Das Getränk aus Zuckerrohr soll durch die Lagerung im Holzfass und die Wellenbewegungen sein Aroma verfeinern und reifen, bis es im Juni 2018 anlässlich des Jubiläums als edles Töpfchen gereicht werden wird. Transportiert über die Weltmeere mit Wind und Wellen – abenteuerlich, wie schon vor 800 Jahren.

*Britta Trapp und Klaus-Dieter Block*

Während der Hanse Sail sind Besucher auf der AVONTUUR willkommen.

Juli 2015

## Standortältester Lorenz Finke

# Die Bundesmarine gehört zu Rostock und zur Hanse Sail

Seit der 1. Hanse Sail ist die Deutsche Marine bei der Hanse Sail dabei. Zur 25. Hanse Sail feierte sie selbst ein Jubiläum: 60 Jahre zuvor, im November 1955, hatte man die Bundeswehr ins Leben gerufen, inklusive der kleinsten Teilstreitkraft – der Marine.

Das war mehr als ein halbes Jahr vor der Gründung der Seestreitkräfte in der DDR, der späteren Volksmarine, die 1990 mit der deutsch-deutschen Wiedervereinigung die „Schlüssel" für den Marinestützpunkt „Hohe Düne" übergeben hat.

### ▪ Marine Sail

Die Marine ist für die Hanse Sail Rostock ein substantieller Partner. Nimmt man die einzelnen Bausteine zusammen, so ergibt sich die erstaunliche Erkenntnis, dass sie Stoff wären für ein eigenes Veranstaltungswochenende, sozusagen für eine „Marine Sail".

Die Marine-Aktivitäten beim größten maritimen Ereignis in Mecklenburg-Vorpommern reichen von der oftmaligen Teilnahme des Segelschulschiffes der Marine Gorch Fock über den Absprung von Marinetauchern bei den Eröffnungszeremonien und dem beliebten Open-Ship auf Fregatten, Korvetten oder Schnellbooten bis zum „Offenen Stützpunkt" Hohe Düne.

„Das soll auch so bleiben!", betont Fregattenkapitän Lorenz Finke. „Beide Seiten profitieren von dieser Zusammenarbeit außerordentlich." Der mit seiner Familie in Schleswig-Holstein lebende Marineoffizier war von 2013 bis 2016 Stützpunktkommandeur und Standortältester in Warnemünde.

### ▪ Gemeinsam präsent

Im Januar 2015 ist ein „ Kooperationsbaustein" zwischen der Marine und der Sail hinzugekommen. Am Stand der Hansestadt Rostock auf der „boot" präsentierten sich an der Seite der Mitarbeiter der Hanse Sail und der Warnemünder Woche Kameraden des Personalwerbe- und Entwicklungsteams des 1. Korvettengeschwaders „Hohe Düne". Oberleutnant zur See Marco Barsch, Hauptbootsmann Danny Pötschke und der langjährige Marineangehörige und eigentlich schon pensionierte Bernd Brünner unterstrichen auch im Messe-Alltag: Die Marine gehört zu Rostock. Und natürlich zur Hanse Sail.

*Klaus-Dieter Block*

Fregattenkapitän Lorenz Finke

Während der Hanse Sail 2016 zeigte sich deren Internationalität …

… auch bei den Schiffen der Marine und ihren Besatzungen.

JANUAR 2015

## „Mein Feld ist die Welt“ – Jimmy Rathge

# Was ist ein „richtiger“ Seemann?

Die Akteure der Hanse Sail freut es, wenn Fernsehteams aus dem Binnenland zum Seglertreffen kommen und darüber berichten. Wie überall gibt es solche und solche Redaktionsleiter – kollegial-pragmatische bis komplizierte, mitunter auch fordernde: „Wir brauchen einen richtigen Seemann. Habt ihr so was?“ Abgesehen davon, dass falsche Seemänner an der Ostseeküste chancenlos sind, haben wir einen besonders „richtigen“ Seemann parat: Norbert „Jimmy“ Rathge, der nicht nur wie ein Seemann aussieht, sondern ein richtiger ist.

Während der Hanse Sail trägt er eine Mütze mit dem Schriftzug der ROALD AMUNDSEN. Gedreht wird aber auf einem anderen Schiff und die Redakteurin fordert Jimmy auf, die Mütze abzusetzen. „Nö! Mach ich nicht“, lautet die Antwort.

### ▪ Ein Seemann auf dem Bauernhof

Als ich Jimmy in seinem Haus in Pastow bei Rostock besuchen will, fahre ich zunächst daran vorbei. Das 130 Jahre alte Bauernhaus hat sich hinter Bäumen und Gebüschen versteckt. Hier, im Haus seiner Großeltern, lebt er seit seiner frühen Kindheit, also seit einem dreiviertel Jahrhundert.

Die Räume sind auf zwei Etagen mit Mitbringseln aus aller Welt gefüllt. An den Wänden hängen auch eigene Bilder und Zeichnungen. Eine maritime Welt, die er gemeinsam mit seiner Frau gestaltet hat: „Leider ist sie 2012 gestorben. Wir waren 50 Jahre verheiratet – für eine Seemanns-Ehe ist das außerordentlich. Sie war oft mit mir unterwegs. Mitte der 1990er sind wir z.B. 3000 Kilome-

Höhensangst sollte man auf einem Großsegler nicht haben.

Seite 95: Die ROALD AMUNDSEN

www.SAILTRAINING.de

Brigg
Roald Amundsen
Crew
Crew

ter mit Jeep, Motorrad und Boot durch Thailand gezogen. Fantastisch!"

Jimmy Rathges Lebensmotto – egal ob auf See oder an Land – lautet: Mein Feld ist die Welt. „Das war schon in jungen Jahren die Triebkraft, die mich zu immer neuen Ufern brachte. Zunächst mit 13 Jahren über verschlungene Wasserwege mit einem kleinen Kajaksegelboot zur Insel Rügen." Später auf alle Kontinente.

1952, nach der 8. Klasse, war für Jimmy die Schule zu Ende. Er absolvierte eine Lehre als Schiffbauer in Warnemünde. Ab 1954 verwirklichte er seinen Seemannstraum, heuerte in Wismar an, wurde Matrose, dann Bootsmann und Anfang der 1960er-Jahre Nautiker.

## ▪ Auf 150 Schiffen um die Welt

Der Seemann Rathge ist bis 1997 auf Frachtschiffen gefahren. Insgesamt waren es rund 150. „Schreib das nicht. Das glaubt keiner!" Sein Lebens-Motto war jedoch nur zu realisieren, indem er nicht immer auf der gleichen Linie fuhr, sondern die Schiffe wechselte. „Ich wollte nie Karriere machen oder ein eigenes Schiff haben. Ich wollte die Welt sehen."

Seit der Wende gehört seine Liebe den Traditionsschiffen. Hier kann er voll und ganz Seemann sein. Für die heutige Containerschifffahrt hingegen hat er nur ein müdes Lächeln übrig. „Sie jagen über die Weltmeere und haben in den Häfen keine Pause. Die lange Liegezeit war das Reizvolle zu meiner Zeit. Und ist es bis heute mit den alten Großseglern."

Klar kommt zum Schluss die Frage: „Wie lange willst du noch ...?" Die Antwort ist unmissverständlich: „Solange ich ins Rigg steigen kann!"

Der Mann mit der Mütze und dazu das Schiff: Jimmy Rathge und die ROALD AMUNDSEN (Seite 96)

Ach ja, die Mützengeschichte. Jimmy hat die Mütze mit dem Schirm einfach nach hinten gedreht, als wenn der Wind von vorne käme. Ein richtiger Seemann ist auch kompromissbereit.

*Klaus-Dieter Block*

Hauptstädte maritimen Lebens: Auch aus Kiel kommen Schiffe nach Warnemünde.

Die Hafeneinfahrt an den Leuchtfeuern in Warnemünde ist schmal. Ideal für die nah stehenden Zuschauer, nicht ganz leicht zu steuern für die Crews und die Lotsen.

Jahrzehnte älter als die Hanse Sail und doch ein rundum lebendiges Fest: die Warnemünder Woche, die auch nach der deutschen Vereinigung dank vieler Helferinnen und Helfer ein Erfolg ist.

## Segler aus aller Welt

### ▪ Beliebt in Mumbai und Warnemünde (Juli 2013)

6000 Kilometer trennen die Stadt Mumbai und Warnemünde voneinander. Im ersten Moment kann man keinerlei Verbindung zwischen den beiden Orten erkennen. Aber wie in Deutschland ist auch in Indien der 420er als Bootsklasse sehr populär. „Es gibt nichts Besseres, als im Sommer nach Europa zum Segeln zu reisen", sagt Gautam Dutta (3. von links), der mit seinem Team aus Indien angereist ist. Auf dem Bild zu sehen sind Aryaman Dutta mit Bruder Upamanyu (Steuermann) und Vater Gautam, Hussain Arsiwalla (Vorschoter), Hussains Vater und Trainer Sanjeev Chauhan (von links).

### ▪ Wiedersehen mit Freunden (Juli 2016)

Unter den 28 Seglern der O'pen BIC befanden sich der U13-Weltmeister Lennart Frohmann (rechts) sowie der U13-Europameister Magnus Frohmann (2. von rechts) vom Duisburger Yacht-Club. „Die Warnemünder Woche ist ein Erlebnis mit hohem Spaßfaktor. Wir freuen uns, hier unsere Freunde wiederzutreffen!" Diese hatten eine weite Anreise hinter sich: Kanoa Pick (links) und Lars von Sydow (2. von links) kommen aus Hawaii, Veronika Zivna (Mitte) aus Tschechien.

### ▪ Ein Boot per Express (Juli 2012)

Guilherme Pereira stammt aus Brasilien. „Mein Boot kam per Express erst die Nacht vor dem Start hier in Warne-

münde an." Er hatte es für einige Regatten in Deutschland gemietet.

### ▪ Ein Leistungsteam im Wüstensand (Juli 2012)

Der schüchterne Segler Hussain Al Jabri kommt aus Yiti im Oman. Sein Trainer, der britische Olympiateilnehmer Mark Rhodes, hatte innerhalb weniger Jahre im Oman ein Leistungsteam aus dem Wüstensand gestampft: „Vor einem Jahr wusste Hussain auf einem Segelboot noch nicht mal, wo vorne oder hinten ist."

### ▪ Laba diana! (Juli 2014)

„Laba diana" ist litauisch und heißt „Guten Tag". „Für viele liegt der baltische Staat irgendwo östlich, doch er bietet noch viel mehr als seine geografische Position", sagt der Segler Marius Zemgulis (rechts). Wie sein Teamkollege Kristupas Maonas stammt er aus Klaipeda. Diese Stadt pflegt enge Beziehungen zu Rostock, insbesondere im gemeinsamen Verbund „Baltic Sail", in dem die wichtigsten Hafenstädte des Ostseeraums miteinander in Kontakt stehen.

### Kein Problem mit schwachem Wind (Juli 2014)

Karol Wojda aus Warschau gibt sich zuversichtlich. Der 17-Jährige stört sich nicht am lauen Sommerwind. „Ein schwacher Wind ist eigentlich sehr optimal für mich. Und wird aus der leichten Brise eine große Flaute, können die Sportler die Zwangsruhe trotzdem nutzen: auf der ande-

ren Seite des Alten Stroms ist das bunte Treiben zum Glück nicht auf den Wind angewiesen."

## ▪ Fulltime-sailor und Weltenbummlerin aus Singapur (Juli 2015)

Nicht jede Regatta hat den gleichen Stellenwert. Die Größe des Teilnehmerfeldes, die Internationalität der Veranstal-

tung und die logistischen Gegebenheiten vor Ort entscheiden über den „Grade". Weil Warnemünde den höchsten besitzt, war auch Elizabeth Yin aus Singapur überzeugt davon, an die Ostsee reisen zu müssen. „Ich bin ein ‚full-time-sailor'." Die 23-Jährige reist das ganze Jahr kreuz und quer durch Europa und hat ihren Laser natürlich immer im Gepäck.

## ▪ Viel kälteres Wasser als im Mittelmeer (Juli 2014)

Auch aus Spanien kommen Segler nach Warnemünde. „Für mich", so Fernando Dávila Ponce de León (links), hat je-

der, der an einer Regatta teilnimmt, auch die Chance auf den Sieg. Und somit mache ich mir keinen Druck, sondern segle einfach und versuche immer 100 Prozent zu geben." José Manuel Ruiz ergänzt: „Die Segelbedingungen hier ähneln denen bei uns auf dem Mittelmeer sehr, nur das Wasser ist etwas zu kalt."

Wind für die Segelwettbewerbe in Warnemünde ist zumeist kein Problem …

... Deshalb bleibt den Aktiven auch wenig Ruhe, das schöne Ambiente zu betrachten.

TWISTER
HARLINGEN
NL
Joanna Saturna
Uusikaupunki
Pippilotta
KAPPELN

# Die internationale Ausstrahlung

# Die nationale und internationale Ausstrahlung der Rostocker maritimen Feste

Das Oktoberfest in München hat ohne Zweifel eine weltweite Ausstrahlung. Es wäre übertrieben, das auch von den maritimen Festen der Hansestadt zu sagen. Aber in der Welt der Traditionssegler und des sportlichen Segelns sind die Hanse Sail und die Warnemünder Woche durchaus gewichtige Marken.

## ▪ Welches Image haben die Rostocker maritimen Feste?

Das Image ist in der sportlichen und traditionellen Welt des Segelns ein tragendes Element. Von Gastfreundschaft war schon die Rede. Veranstaltungs-Höhepunkte und die Organisation sind gleichfalls wichtig. Bei den sportlichen Wettkämpfen ist es auch deren Wertigkeit. Ziel ist in der Hansestadt Rostock – und auch das trägt zu einem positiven Ruf bei –, sich wieder der Weltspitze des Segelsports anzunähern. Die Nachwuchsarbeit spielt hier die entscheidende Rolle.

Seit 1997 gibt es die „Baltic Sail", die an hansische Netzwerktraditionen anknüpft. Helsingör, Karlskrona, Gdansk und Rostock haben die schöne Idee ins Leben gerufen. Inzwischen haben sich, auch „verführt" durch das Beispiel Hanse Sail, mehr als ein Dutzend Hafenstädte der Ostsee an dem Projekt beteiligt.

Nicht alle Versuche waren von Dauer. Andere, wie die Haikutter-Regatta am Vorabend der Hanse Sail aus dem dänischen Nysted nach Warnemünde, sind zum Klassiker geworden. Im internationalen Wettbewerb der Windjammertreffen und Hafenfeste ist die Ausstrahlung von außerordentlicher Bedeutung für die Attraktivität der Veranstaltung, insbesondere für die Beteiligung der Großsegler. In den Teilnehmerlisten der Hanse Sail stehen Schiffe aus ganz Europa, aber auch aus den USA, Lateinamerika und Indien.

Reportagen in den Publikationen der Hanse Sail von Festen oder Großseglern an Nord- und Ostsee, in den USA,

Vom Piraten ...

in Ägypten, Dubai, Hong Kong, Australien oder Neuseeland zeugen davon, dass sich die Rostocker ein Bild von der Welt der Traditionssegler machen – auch um das eigene Angebot mit der befreundeten Konkurrenz zu vergleichen und als Ansporn zur Qualitätsverbesserung der Rostocker Sail.

## ▪ Aktiver Einsatz für den Erhalt des maritimen Erbes

Zum guten Ruf der Hanse Sail trägt auch die Tatsache bei, dass sich die Rostocker Aktivitäten nicht nur auf das Fest beschränken, sondern ganzjährig wirken.

Das betrifft das Engagement der Warnemünder in nationalen Gremien des Segelsports ebenso wie die Mitgliedschaft des Leiters des Hanse Sail-Büros, Holger Bellgardt, in dem Verbund „European Maritime Heritage". Seit 1997 hat sich das Hanse Sail Büro an rund einem halben Dutzend EU-Projekte beteiligt beziehungsweise war Leadpartner und trägt so zur internationalen Attraktivität des Ostseeraums bei.

National setzen sich die Rostocker für vernünftige und praktikable Bedingungen für deutsche Traditionssegler ein. Der organisatorische Rahmen hierfür ist der von Rostock initiierte „German Sail Training Union e.V.".

Seit 2012 existiert der Verbund „Maritime Feste an Deutschlands Küsten", bei dem ein Dutzend maritime Veranstaltungen – darunter Hamburg, Kiel, Bremerhaven, Wilhelmshaven und Juniorpartner – Erfahrungen austauschen und sich gemeinsam für die große Sache der Traditionsschifffahrt einsetzen.

Das Hanse Sail-Büro koordiniert das Projekt.

*Klaus-Dieter Block*

... bis zu Kreuzfahrtschiffen: Vielfalt in Rostock und Warnemünde

Familie Schünemann aus Kühlungsborn genießt die Haikutter-Regatta auf dem Vorschiff der GEFION.

August 2013

## Haikutter-Regatta

# Mitsegeln macht Besuchern gute Laune

Erika und Horst Schünemann aus Kühlungsborn hatten für die Haikutter-Regatta 2013 extra ihren Urlaub auf der Insel Rügen unterbrochen und waren am 7. August zwei der 97 Mitsegler, die sich am frühen Morgen am Rostocker Hauptbahnhof einfanden. „Mein Mann hat sein Mitsegelticket geschenkt bekommen und sich so sehr gewünscht, dass ich ihn begleite." Die Reise war bestens organisiert. Mit einem Bus ging es zunächst vom Rostocker Bahnhof zum Fährterminal, anschließend mit der Fähre nach Gedser und direkt weiter mit einem Bus zum Nysteder Hafen. Bereits kurz nach 9.00 Uhr legte dort der erste Haikutter bei strahlendem Sonnenschein ab und lief in Begleitung von Kanonen-Böllerschüssen und acht weiteren Haikuttern aus dem idyllischen Städtchen aus.

### ▪ Die Sail von ihrer friedlichsten Seite

Der Sonnenschein an diesem Tag hatte jedoch leider fast keinen Wind im Gepäck und dementsprechend begann der Törn recht gemächlich an Bord des 1932 erbauten Haikutters Gefion mit Heimathafen Laboe. Etwa gegen 12.30 Uhr starteten die Kutter ihre Regatta, die ursprünglich auf kürzestem Weg von Dänemark bis vor die Tore von Warnemünde führen sollte. Es kam anders, denn auch um 14.00 Uhr dümpelte man noch querab vom dänischen Gedser auf der Ostsee, so dass Regatta-Leiter Rainer Arlt entschied, den Kurs zu verkürzen und eine gedachte Ziel-Linie mitten auf der Ostsee zu „installieren". Anschließend nutzten sowohl die Bordbesatzung als auch einige Mitsegler die Möglichkeit des Badens in der warmen und klaren Ostsee.

### ▪ Crew der Gefion zufrieden

Nachdem alle Segel geborgen und die Maschinen angeworfen worden waren, durchquerten die Haikutter gegen 19.00 Uhr zusammen mit der einlaufenden Krusenstern die Molenköpfe Warnemündes.

„Wir machen nach vielem Ausprobieren nur noch die Kieler Woche und die Hanse Sail mit, sie sind einfach die schönsten maritimen Großereignisse", erklärt Skipper und Eigner Tom Kannegiesser von der Gefion. Sehr zur Freude der Sail-Organisatoren findet er die Sail sogar noch ein wenig besser als die Veranstaltung in der Nähe seines Heimathafens, da sich die „Verantwortlichen und Betreuer offenherzig um die Schiffe und ihre Crews bemühen – angefangen bei der Schiffsversorgung bis hin zum persönlichen Kontakt".

Sowohl die gesamte Crew der Gefion als auch Familie Schünemann zeigten sich am Ende des Tages sehr zufrieden mit dem Ausgang der 5. Haikutter-Regatta. Sie belegten passend dazu den 5. Platz und wurden für ihre Überfahrt mit einem gut gefüllten Stadthafen am Vortag der Sail und einem feuerroten Sonnenuntergang belohnt.

*Gesine Schuer*

Rasante Manöver gab es nicht zu bestaunen …

... dafür umso mehr Atmosphäre.

Anne Leutloff mit ihren gesammelten Geschichten zu Traditionsschiffen unter deutscher Flagge und deren „brennenden“ Situationen

August 2014

## Anne Leutloff

# Feuer am Wind

Die Herausgeberin des Buches „Feuer am Wind“, Anne Leutloff, ist Kulturwissenschaftlerin. 2014 stattete sie der Hanse Sail einen Besuch ab. Im Gepäck hatte sie ihr druckfrisches Buch, in dem insgesamt 22 Schiffseigner zu Wort kommen.

Das Projekt ist Ausdruck eines neuen Zusammenhaltes von Enthusiasten, die jahrelang massiv um den Bestandsschutz ihrer Traditionsschiffe bangen mussten und für eine angebliche Gefährdung des Schiffsverkehrs und der Passagiere an den Pranger gestellt wurden. Anne Leutloff hat jenen ein Forum geboten, die ihr Leben der Erhaltung der Traditionsschifffahrt verschrieben haben, die ihre kulturelle Aufgabe ohne Murren erfüllen und lediglich Legitimation erfahren wollen. Auch die Hanse Sail ist für sie eine Plattform, sind die Schiffe doch das Herzstück des maritimen Festes. Ebenfalls 2014 überreichten Vertreter der Schiffseigner eine Petition mit 15 000 Unterschriften für den Erhalt der Traditionssegler – bei der Eröffnung der Hanse Sail an den damaligen Verkehrsminister Peter Ramsauer. Bald darauf wurde den Schiffen Bestandsschutz gewährt, die endgültigen Sicherheitsrichtlinien sind aber immer noch nicht festgelegt. Nach langen Protesten der Schiffsbetreiber lud das Verkehrsministerium sie endlich an einen runden Tisch ein. Die gemeinsam erarbeitete Sicherheitsrichtlinie wurde Anfang 2018 verabschiedet.

*Gesine Schuer*

Manchmal wirken sie nachdenklich: die Gallionsfiguren

November 2015

## Andrzej Radomski ist seit 1999 Partner der Hanse und der Baltic Sail

# Kontinuität als Erfolgsfaktor für maritime Feste

Viele Hanse Sail-Organisatoren und Baltic Sail-Partner verbinden mit dem polnischen Gdansk die Person von Andrzej Radomski. Der schlanke, drahtige Pole steht zugleich für einen Erfolgsfaktor maritimer Feste, insbesondere auch der Sail Gdansk: personelle Kontinuität im Management.

Der in Gdansk geborene Radomski hat in seiner Heimatstadt Schiffbau studiert, arbeitete zunächst im Schiffsreparaturbereich und war als Manager seit Ende der 80er-Jahre in großen polnischen Firmen tätig. Schließlich zog es ihn zu den Schiffen und zum Meer zurück. „Mein Abenteuer mit der Baltic Sail begann 1999. Die Stadtverwaltung von Gdansk hatte mir die Organisation der ‚Cutty Sark Tall Ships Races 2000' übertragen. Zur gleichen Zeit stieg ich in Karlskrona in die Baltic Sail-Bewegung ein, wo ich auch die Partner aus Helsingör und Rostock traf. Rostock hatte mit Roland Methling an der Spitze bereits zehn Jahre Erfahrung, während Gdansk gerade die ersten Schritte bei der Organisation von maritimen Festen unternahm. So war es logisch, dass ich zur Hanse Sail 1999 nach Rostock fuhr – ein wichtiger Impuls, um in Gdansk ein jährlich stattfindendes erfolgreiches maritimes Festival zu gestalten."

Es blieb nicht bei dem Impuls, vielmehr hat sich in den letzten zwei Jahrzehnten zwischen der deutschen und polnischen Hansestadt ein dichtes Netzwerk entwickelt, von dem beide Seiten profitieren.

Gdansk oder früher Danzig steht für so viele Wechselfälle der europäischen Ost-West-Geschichte – insbesondere der zwischen Polen und Deutschen – wie wohl keine andere Ostseestadt. An der Westernplatte begann Nazideutschland 1939 den 2. Weltkrieg, später machte es Danzig zu einer Festung. Unvorstellbare Zerstörungen und menschliche Verluste waren die Folge. In den Jahrhunderten davor galt Danzig oft als tolerante europäische Stadt, die offen war für Vertriebene, etwa für holländische Mennoniten, für Schotten, für Hugenotten und für Juden.

Es ist politisch sehr wichtig, dass die polnische Hansestadt Gdansk weiterhin ein aktives Mitglied der Baltic Sail darstellt und nicht frühzeitig ausgestiegen ist. Der Mittsechziger Andrzej Radomski hat sich als ein „zäher Bursche" erwiesen, den selbst ausbleibende Anfangserfolge nicht von seiner Vision abbringen ließen. Und vielleicht hat auch der aufmunternde Ruf der Baltic Sail-Partner geholfen: „Durchhalten, Andrzej, durchhalten!" Kurz nach der Jahrtausendwende kamen wenige Großsegler nach Gdansk, das Geschäftsmodell mit Mitsegeltörns ging nicht so auf wie z. B. in Rostock – bei einem damaligen Durchschnittsverdienst der Polen von 250 bis 300 Euro monatlich war das logisch. Andrzej Radomski hat es mit seinen Mitstreitern inzwischen jedoch geschafft, dass die Gdansk Sail „lebt" und nicht nur die Baltic Sail bereichert.

*Klaus-Dieter Block*

Andrzej Radomski

November 2017

## German Sail Training Union

# Dachorganisation für deutsche Sail Training-Schiffe

Am 20. Mai 2015, dem „European Maritime Day“, wurde in Rostock der German Sail Training Union e. V. (GSTU) gegründet. Insgesamt neun Vereine kamen zur Gründungsveranstaltung zusammen. Zum ersten Vorsitzenden wurde der Kieler Jurist Michael Saitner gewählt, der als geschäftsführender Vorstand des Paritätischen Wohlfahrtsverbands Schleswig-Holstein tätig ist. Er verfügt zudem als erster Vorsitzender des Vereins Segelschiff Thor Heyerdahl, einem der Mitglieder der GSTU, über langjährige Erfahrungen im Bereich der deutschen Traditionsschifffahrt.

Romantik pur im Rostocker Stadthafen

**Michael Saitner, Sie haben die Gründung der GSTU maßgeblich vorangetrieben. Warum?**
Der Vereinsgründung vorausgegangen ist ein intensiver Austausch, der von den größten in Deutschland operierenden Sail Training-Schiffen und dem in Rostock ansässigen Hanse Sail-Verein initiiert wurde. Die GSTU versteht sich als eine Dachorganisation, deren Vereine insgesamt ca. 13 000 Einzelmitglieder haben. Er soll die oft ähnlich gelagerten Interessen gebündelt artikulieren können. Einen solchen Dachverband gab es zuvor nicht.

**Seit zehn Jahren sind Sie im Verein Segelschiff Thor Heyerdahl dabei. Welche Erfahrungen können Sie dadurch für die GSTU mit einbringen?**
Die Thor Heyerdahl hat mich seit meinem ersten Törn in ihren Bann gezogen. Auf einem traditionellen Segelschiff lernt man weit mehr als nur das Segeln: Vor allem Teamwork, um ein gemeinsames Ziel zu erreichen, prägt das Geschehen an Bord. In Zeiten, in denen in immer größerem Maße eine Individualisierung stattfindet, ist das gerade für junge Menschen eine wertvolle Erfahrung. Sich als Mannschaft einem Sturm zu stellen und mit vereinten Kräften das Schiff auf

Kurs zu halten, schweißt zusammen und bleibt – oft jahrzehntelang – in Erinnerung. Die positiven Auswirkungen auf das Sozialverhalten und die Möglichkeit zur eigenen „Kursbestimmung“ waren auch meine Motivation, im Verein mitzuwirken. Wenn man dann über Jahre hinweg erleben darf, dass an Bord Werte wie Verantwortung und Selbstbewusstsein vermittelt werden, stimmt das sehr optimistisch im Hinblick auf die so oft gescholtene „heutige Jugend“.

### Welche Rolle spielt die Hanse Sail Rostock für deutsche Traditionsschiffe?

Die Hanse Sail zieht jedes Jahr ein Millionenpublikum an. Hier haben die Traditionsschiffe unter deutscher Flagge die Möglichkeit, sich den Besuchern zu präsentieren und zu zeigen, dass sie ein Stück maritimes Kulturgut sind. Darüber hinaus ist ein Großevent wie die Hanse Sail immer auch eine Plattform, um Signale an die Politik zu senden, wie 2013, als im Rahmen der Eröffnung unter großem Medieninteresse an den damaligen Bundesverkehrsminister Peter Ramsauer die Petition „Bildung auf See braucht Schiffe in Fahrt“ mit 15 371 Unterschriften übergeben wurde und damit ein öffentliches Zeichen gesetzt werden konnte für den Erhalt historischer Wasserfahrzeuge.

Seit 2012 kooperiert die Hanse Sail mit weiteren maritimen Großveranstaltungen, zu denen u.a. der Hamburger Hafengeburtstag, die Kieler Woche und die Sail Bremerhaven zählen, im Verbund „Maritime Feste Deutschlands“. Die Koordinierung erfolgt im Organisationsbüro der Hanse Sail. Zusammen sind wir stärker, das hat Rostock verstanden und unterstützt damit auch die Zukunft der Traditionsschiffe in Deutschland!

*Das Gespräch führte Britta Trapp*

Michael Saitner auf dem Segelschiff THOR HEYERDAHL

November 2014

## Anna van der Rest

# Vorfreude auf die Hanse Sail

Anna und Jaap van der Rest genießen die Atmosphäre der Rostocker Hanse Sail seit mehr als zwei Jahrzehnten. Beide stehen für die engen Beziehungen zwischen den „Segelnden Holländern" und der Rostocker Sail und haben darüber hinaus spezielle Beziehungen zur Hansestadt.

„Die Hanse Sail", so Anna van der Rest, „steht seit vielen Jahren dick unterstrichen in unserem ‚Segelkalender'. Aber die vier Tage vom 7. bis 10. August 2014 waren für mich, für uns, noch einmal etwas ganz Besonderes, auch weil zwei Jubiläen anstanden.

Das erste Mal kam ich 1994 gemeinsam mit meinem späteren Mann Jaap per Zug nach Rostock. Spät abends, es regnete, ich hatte die falschen Schuhe an, der Stadthafen war voller Pfützen. Aber wir waren verliebt … Im Juni 1995 wurde unsere Tochter Marieke geboren, vier Jahre später folgte unser Sohn Jop. Beide sind eng mit unseren Schiffen vertraut. So mit der alten Loth Lorien, Baujahr 1907, die, so hat eine Überprüfung ergeben, nach wie vor eine ‚dicke (Schiffs-)Haut' hat. Das zweite Jubiläum betraf unsere J.R. Tolkien. Ihre Haut ist ‚erst' ein gutes halbes Jahrhundert alt. Vor ihrem Seglerleben tat sie seit 1964 in Rostock ihren Dienst als Schlepper Dierkow. Im Dezember 1995 haben wir das Schiff auf einem Schrottplatz in Amsterdam entdeckt und bis 1998, auch mit Hilfe polnischer Schiffsbauer, als Toppsegelschoner aufgebaut.

Wir waren 2014 mit beiden Schiffen bei der Hanse Sail Rostock dabei, die auch in den Niederlanden einen ausgezeichneten Ruf hat. Die ‚Segelnden Holländer' präsentierten hier rund 40 Traditionssegler und stellten damit die größte ausländische Flotte.

Rostock steht auf der Beliebtheitsskala der Hafenfeste auch für Jaap und mich ganz oben. Starke Pluspunkte sind die fantastischen Segelbedingungen auf der Ostsee, für Zuschauer und Mitsegler ein uriges Erlebnis, und die sehr gute Organisation, inklusive der Arbeit der Tall-Ship Buchungszentrale, die wir sehr gern nutzen. Insgesamt bieten wir mit beiden Seglern an den Sail-Tagen mehr als ein Dutzend Ausfahrten an. Das ist für uns also auch betriebswirtschaftlich interessant. Alljährlich erwartet uns ein volles Programm, inklusive des aufwändigen Ein- und Ausfädelns aus den Vierer-Schiffspäckchen an der Kaikante.

Die Sail ist neben der einmaligen Gastfreundschaft durch eine besondere Stimmung geprägt, die wir auch bei unseren Ausfahrten immer wieder erleben: Die Rostocker und ihre Gäste haben sich ihre Begeisterung und ihren Enthusiasmus für die Schiffe und das Fest über mehr als 20 Jahre bewahrt und zeigen das."

*Nach einem Gespräch mit Anna van der Rest*
*aufgeschrieben von Klaus-Dieter Block*

Anna und Jaap van der Rest

Karin Wohlgemuth

Mai 2017

## Karin Wohlgemuth schätzt den Geist des maritimen Festes

# „Virus“ Hanse Sail

Wie fühlt man sich, wenn man Anfang der 1980er-Jahre aus dem sozialistischen Land DDR in das sozialistische Bruderland Kuba gekommen war und 1989 in der Heimat der Sozialismus abgeschafft wird? Und in Kuba schon so ein bisschen als Abtrünniger oder vielleicht sogar als Überläufer behandelt wird? „Komisch und irgendwie verlassen“, blickt Karin Wohlgemuth zurück. „Und orientierungslos, auch weil die Informationen aus der Heimat sehr dürftig waren.“

### ▪ Einmal Kuba und zurück

Mit 23 Jahren hatte sie an der Universität Rostock ihr Studium als Diplom-Ingenieur für Technische Kybernetik und Automatisierungstechnik erfolgreich abgeschlossen und ging mit ihrem kubanischen Ehemann auf die Karibikinsel. Nach einigen Jahren und der Trennung musste sie ihren eigenen Weg gehen. Dabei stieß sie auf eine Leidenschaft, die sie in der Heimat wahrscheinlich nicht entdeckt hätte: das Bauen.

Karin Wohlgemuth arbeitete auf Kuba als rechte Hand eines Bauleiters und für sich selbst bei der Errichtung eines Blocks mit eigener Wohnung. Die hat sie heute noch und überließ sie zwischenzeitlich kostenfrei einer Freundin. Über das Bauen hat sie auch ihren heutigen deutschen Mann kennengelernt, beide haben eine erwachsene Tochter. Sie ist 1996 während der Hanse Sail zur Welt gekommen!

Als Karin Wohlgemuth einige Monate nach der Wende in Deutschland ankam und zunächst erst einmal durch Westberlin gefahren werden wollte, hatte sie noch ihre „alten DDR-Klamotten“.

Der ehemalige Freundeskreis existierte nicht mehr und sie musste zunächst versuchen, auch beruflich Fuß zu fassen.

### ▪ „Virus“ Hanse Sail

Die Hanse Sail bot anfangs hierfür keine Möglichkeiten, aber es reizte die Rostockerin, bei der Veranstaltung als Betreuerin zu arbeiten. So folgte sie 1992 dem Aufruf von Günter Senf und wurde Betreuerin auf der White Shark, der späteren Sunthorice. „Da hat mich wahrscheinlich der Sail-Virus erwischt“, vermutet Karin Wohlgemuth. Bei der Suche nach einer neuen Existenz konnte sie Eigenschaften ausspielen, die sie wohl auch auf Kuba trainiert hatte: aktiv sein und Chancen nutzen! Die Chance kam mit der Mitgliedschaft der Hansestadt in der UBC, der Union of Baltic Cities (UBC), in der sie sich ab 1994 in einem kleinen Team „austoben“ konnte.

Das Erste, was ich bei meinem Start im Hanse Sail-Büro 1997 von der jungen Frau wahrnahm, waren mehrere sehr dicke gebundene Papierbündel: ein Antrag für ein EU-Projekt! Es handelte sich um das erste von inzwischen über einem halben Dutzend, an dem das Sail-Büro mitwirkte.

Hanse Sail und Warnemünder Woche sind internationale Feste, die sich bewusst für Offenheit unter den Menschen verschiedener Nationen einsetzen.

Der Antrag war erfolgreich, auch wenn sich die Umsetzung des Programms mit Fax und Telefonaten als ebenso mühselig erwies wie die Abrechnung.

Heute ist Karin Wohlgemuth gemeinsam mit ihrer Kollegin Angelika Scheffler für die Betreuung der ausländischen Gäste des Oberbürgermeisters auch während der Hanse Sail zuständig. Das Vorfeld der Sail und das Fest selbst stellen hohe Ansprüche an Konzentration und Kondition. „All das wird von einem positiven Teamgeist getragen. Dieser Geist durchströmt mich regelrecht. Und dann fällt mir immer wieder auf: ‚Das geht gar nicht' hört man vor und am 2. Augustwochenende nie."

*Klaus-Dieter Block*

ROSTOCKER
SEIT 1878

Juni 2017

## Sonja Tegtmeyer

# „Das Maritime ist unser Trumpf!“

Die Hamburgerin Sonja Tegtmeyer gehörte 2011 mit dem Rostocker Holger Bellgardt zu den Initiatoren des norddeutschen Bündnisses „Maritime Feste an Deutschlands Küsten“, dem heute über zehn Partner angehören. Das Hanse Sail Büro koordiniert diesen Verbund.

**Sonja Tegtmeyer, Sie blicken in diesem Jahr auf 36 Jahre bei der HMC zurück. 24 Jahre davon sind Sie unter anderem für die operative Umsetzung des HAFENGEBURTSTAGS HAMBURG verantwortlich …**

Ich mag das gar nicht glauben. Ist das wirklich schon so lange her? Tatsächlich bin ich mit unserem Thema erstmals 1989 in Berührung gekommen. Im Jahr des 800. Hafengeburtstags war ich damals für die Organisation des internationalen Großsegler-Treffens SAIL'89 verantwortlich. Ich meine, es waren zehn Segler der Kategorie A und rund 3000 Trainees, die wir neun Tage lang in Hamburg betreut haben. Das Maritime hat mich seitdem nicht mehr losgelassen. Neben den Inhalten faszinieren mich nach wie vor die Aufgabenvielfalt und das Zusammenwirken mitunter sehr unterschiedlicher Menschen bei der Organisation solcher Feste.

**Ein Glücksfall für Hamburg und wohl auch für Sie persönlich war 1994, dass die Behörde für Wirtschaft, Verkehr und Innovation die Hamburg Messe als Veranstaltungsbeauftragte einsetzte und Sie Projektleiterin des HAFENGEBURTSTAGS HAMBURG wurden?**

Für mich persönlich auf jeden Fall. Und ich hoffe auch für Hamburg. Wir wollten mit dem Fest immer zeigen, wie und dass der Hafen lebt. Deshalb haben wir uns auf das Hanseatische konzentriert, haben die Traditionen der Seefahrt aufgegriffen, das Wasserprogramm ausgebaut, die Seemannsmissionen in den von uns eingeführten ökumenischen Gottesdienst integriert und vor allem gezielt Schiffe eingeladen.

Das Besondere am Hafengeburtstag ist, dass der Hafen belegt ist mit ca. 300 Schiffen und die Menschen auf die Schiffe können. Das tun jedes Jahr einige Zehntausend Besucher. Für uns ein Ansporn, uns von Jahr zu Jahr gemeinsam mit den Kolleginnen und Kollegen der Wirtschaftsbehörde darum zu bemühen, den Charakter und die Wirkungen des Hafengeburtstages auf dem Wasser und an Land weiter auszuprägen.

**Können Sie ein aktuelles Beispiel nennen?**

Immer aktuelle Beispiele sind die Ein- und Auslaufparaden, die wir vor vielen Jahren ins Leben gerufen haben. Die Schiffe sind wie an einer Perlenkette ganz nah und die Zuschauer säumen über viele Kilometer das Ufer der Elbe, um sich an deren Anblick zu erfreuen. Der Hafengeburtstag wird im Herzen der Stadt entlang der Elbe gefeiert und selbstverständlich integrieren wir auch die spektakulären HafenCity mit unserem neuen Wahrzeichen, der Elbphilharmonie.

**Der Leiter des Büros Hanse Sail Rostock und Sie hatten 2011 die Idee, den Verbund Maritime Feste an Deutschlands Küsten zu etablieren. Wie sehen Sie das Projekt heute?**

Wir hatten den Eindruck, dass Dritte mehr über unsere Feste wussten als wir voneinander. Das wollten wir ändern. Der Impuls war seinerzeit, einen kollegialen Erfahrungsaustausch zu wichtigen Themen der maritimen Feste – wie Schiffseinladungen, Organisationslogistik und Sicherheit – zu pflegen. Das ist mir persönlich sehr wichtig. Hinzu kommen die Aufgaben als norddeutscher maritimer Werbeverbund.

Hier müssen wir Themen suchen und stärken, die das Maritime als prägnante Marke und Trumpf des Nordens ausmachen. Unser gemeinsames Interesse ist es, die maritimen Feste im Norden auf einem hohen Niveau durchzuführen. Dabei haben die Organisatoren der größten und jährlich stattfindenden Feste in Hamburg, Kiel und Rostock eine besondere Verantwortung.

*Das Gespräch führte Klaus-Dieter Block*

Franziska Hamann (rechts) von der Hamburger Behörde für Wirtschaft, Verkehr und Innovation sowie Sonja Tegtmeyer von der Hamburg Messe und Congress GmbH (HMC) sind als Veranstaltungs- beziehungsweise Projektleiterin des HAFENGEBURTSTAGS HAMBURG wichtige Partnerinnen der Hanse Sail und weiterer maritimer Feste.

GER
Glashäger
WIRO

Dezember 2017

## Hannah Anderssohn

# Weltmeisterin mit 17 Jahren und Olympia im Blick

Die erst 17-jährige Hannah Anderssohn hat innerhalb von drei Wochen in der olympischen Bootsklasse Laser Radial zwei hochrangige Titel gewonnen. Bei der Junioren-Weltmeisterschaft in Nieuwpoort, die Anfang August 2017 endete, ersegelte sie sich den Vizemeistertitel und gewann die U19-Wertung. Im selben Monat ging sie bei der Jugendweltmeisterschaft in Medemblik an den Start und sicherte sich dort den Titel. Mit Hannah Anderssohn hat zum ersten Mal eine deutsche Seglerin eine Jugend-Weltmeisterschaft in der seit 2008 olympischen Laser-Radial-Klasse gewonnen. „So viele Menschen haben mir noch nie gratuliert", meint die in Neustrelitz geborene Seglerin, die für den Warnemünder Segel-Club an den Start geht.

Ein Blick auf den Tagesablauf der Abiturientin, die Teil der Jugend-Nationalmannschaft ist und mittlerweile im Bundesstützpunkt in Kiel lebt und trainiert, lässt erahnen, dass dieser frühe Erfolg kein Zufall ist. Er zeigt aber auch, dass eine Teilnahme an den Olympischen Spielen keine realitätsferne Schwärmerei bleiben muss. Schon bei der 80. Warnemünder Woche 2017 trat sie beispielsweise in einem Feld gegen die neun Jahre ältere Anne-Marie Rindom aus Dänemark an, die bei der Olympiade 2016 in Rio de Janeiro die Bronzemedaille gewann. „Ich muss noch viel lernen, um an der Weltspitze anzukommen, aber die Regatta hat mir gezeigt, dass diese nicht so weit weg ist", erklärte Hannah Anderssohn anschließend. Sie gewann die U19-Wertung und landete in der Gesamtwertung auf dem 2. Platz, hinter Anne-Marie Rindom.

**Seite 128:** Selbst Rückschläge kann die Laser Radial-Seglerin Hannah Anderssohn nutzen und aus ihnen neue Motivation schöpfen.

### ▪ Starkes Comeback nach herbem Rückschlag

Auf die Frage, ob sie bei den Regatten noch aufgeregt sei, sagt sie: „Je wichtiger der Wettkampf ist, umso schlimmer ist es auch. Bei mir kommt die Anspannung vor allem am letzten Tag, wenn es noch mal um alles geht. Aber ich habe mittlerweile Strategien gelernt, damit umzugehen, und rede mir selbst gut zu. Immer hat das nicht geklappt. Ich erinnere mich an Neuseeland – 2016, bei der Junioren-Weltmeisterschaft. Dort habe ich mir viel zu viel Stress gemacht und hatte vorher schon vor Augen, gewonnen zu haben. Das ging gehörig schief, aber daraus habe ich gelernt. Ich bin vorher noch nie heulend vom Wasser gekommen, aber da war es so weit." Ganz ohne weitere Rückschläge verlief das sehr erfolgreiche Jahr für die junge Seglerin auch sonst nicht. Sie musste sich einer Knie-Operation unterziehen und hatte die Saison schon fast abgeschrieben. Das Motto „#comebackstronger", mit dem sich Sportler schon seit längerer Zeit nach Verletzungen gegenseitig motivieren, trifft auf Hannah Anderssohn ebenfalls zu. Die Titel folgten nach der Heilung.

Auch auf heimischen Gewässern erfolgreich:
Hannah Anderssohn

**Erfolge Hannah Anderssohn (Laser Radial)**

**2016**

1. Platz Int. Deutsche Jugendmeisterschaft Travemünde
1. Platz Jugendeuropameisterschaft Tallinn
1. Platz Deutsche Juniorenmeisterschaft Kiel

**2017**

1. Platz Jugendweltmeisterschaft Medemblik
2. Platz Juniorenweltmeisterschaft Nieuwpoort
1. Platz Deutsche Meisterschaft Berlin
1. Platz Deutsche Juniorenmeisterschaft Kiel
1. Platz Europacup Frankreich U21/U19
1. Platz Europacup Warnemünde U21/U19

Sie zählt zu den größten Talenten des deutschen Segelsports: die Jugendweltmeisterin Hannah Anderssohn.

In fremden Ländern hilft es ihr, dass die Abläufe immer gleich sind. Sie ist in sich gekehrt und versucht, ganz bei der Sache zu sein, so dass es keinen großen Unterschied macht, wo sie sich gerade befindet. Überhaupt agiert Hannah Anderssohn sehr reif und kann erstaunlich reflektiert auf ihre Leistungen blicken. Auf die Frage, was sie von anderen Gleichaltrigen unterscheiden würde, sagt sie: „Wahrscheinlich mein genauer Plan, denn seit vielen Jahren trainiere ich täglich. Andere beginnen damit erst, wenn sie 16 Jahre alt sind. Mit 13 Jahren war ich in Rostock schon auf einer Sportschule, damit mehr Zeit für das Segeln blieb. Auch weil wir viele einzelne Trainingsblöcke einschieben, komme ich bestimmt auf 200 Tage, die ich auf dem Wasser verbringe. Natürlich ist das anstrengend, gerade in der Abizeit, die sich 2018 noch zu meiner WM-Vorbereitung gesellt – beziehungsweise anders herum.“ Am liebsten segelt Hannah Anderssohn übrigens bei grenzwertigen Bedingungen. Wenn sich bei viel Wind und viel Welle alle anderen quälen, zeigt sich ihre Kämpfernatur am meisten.

*Gesine Schuer*

78. WARNEMÜNDER
WOCHE 4.-12. JULI 2015
SUI
sailing
official

Juli 2015

## Peter Stucki und Pierre M. Hoch

# Regatteure an Land. Zwei Schweizer an der Ostsee

Die Schweiz liegt bekanntlich nicht am Meer, verfügt aber über eine lebendige Seglerszene und zahlreiche Segelreviere auf den erstaunlich vielen Seen der Alpenrepublik. Und dennoch: Das Meer ruft! Das warme Mittelmeer, aber zunehmend auch die „kalte Ostsee“.

Peter Stucki kennt das Seebad der Hansestadt und die Warnemünder Woche und war schon mehrfach Mitglied der Internationalen Jury. Der erfahrene und auch international erfolgreiche Regatteur, so heißen die Regattasegler in der Eidgenossenschaft, ist seit vielen Jahren internationaler Segelschiedsrichter – und er wirbt zu Hause für das Segelrevier an der Mündung der Warnow.

„Starker Wind, schönes Wellenbild, da müsst ihr hin!“ Die Schweizer Segler sind seit vielen Jahren Stammgäste, bestätigt die Warnemünderin Jutta Mohr. 2015 sind 17 dabei. Für den Züricher Dr. Pierre M. Hoch ist es das erste Mal, dass er in der Internationalen Jury der Segelwoche in Warnemünde mitwirkt. Darüber freut sich der 82-Jährige sichtlich. Seit 1945 ist er Mitglied des Zürcher Yacht Clubs und hat ebenfalls viel „regattiert“. Seine erste Regatta nach dem Krieg gab es 1949 in Schweden, also genau in dem Jahr, als der „Redaktor“ (= Redakteur) dieser Zeilen geboren wurde.

Beide Schweizer halten die eigene Segelerfahrung für ihre Schiedsrichtertätigkeit als enorm wichtig: „Man muss wissen, wie die Regatteure ticken.“ Zum Ticken gehört hin und wieder wohl auch das „Tricksen“. Wer mit dem Wasser und dem Segeln als Akteur und Schiedsrichter so lange verbunden ist, muss schon „inneres Feuer“ haben. Natürlich denken die beiden gestandenen Schweizer an das Ende ihrer Schiedsrichterlaufbahn. Peter Stucki will mit 70 aufhören und Pierre M. Hoch will natürlich auch Jüngeren Platz machen. Hier stutzt der Redaktor, weiß er doch um die Nachwuchssorgen bei den Segelschiedsrichtern. Und er verkneift sich die Frage: „Na, vielleicht doch noch ein Jährchen?“, auch weil beide in unserem Gespräch von ihren „Plänen danach“ gesprochen haben. Und darunter sind natürlich nicht wenige Segelpläne.

*Klaus-Dieter Block*

Peter Stucki und Pierre M. Hoch sind Mitglieder der Jury während der Warnemünder Woche und trotz ihres Alters noch voll innerem Feuer für das Segeln.

# English Summary

Page 23

**Hartwig Kalisch, Peter Rath, Günter Senf and Helmut Stolle** are among the pioneers, the brave group of people, who had the idea for a large sailors meeting and festival in Rostock and Warnemünde – and turned that idea into reality. They contributed in making the Hanse Sail a large tourist attraction and – as Helmut Stolle puts it – "a highlight for the friendly connection of the peoples".

Page 27

**Holger Bellgardt**

The graduate traffic cyberneticists from Rostock works in the Hanse Sail office since 1998, taking over leadership from Roland Methling in 2004. The chief organizer is active throughout Europe in various committees for the preservation of traditional ships, such as in the German Sail Training Union (GSTU) and the European Maritime Heritage (EMH).

Page 30

**Jochen Bertholdt**

The graphic designer from Rostock has adjusted his annual schedule according to the Hanse Sail since 1991. His brushstroke has shaped the large-scale event for many years, for example on the orientation plans for the city harbor and Warnemünde as well as on stamps and envelopes with maritime motifs.

Page 32

**Rainer Arlt**

The native Berliner found his way to maritime topics early as a student in the working group "Model Ship Building". The licensed regatta referee lives in Rostock since 1986 and took over management of the traditional sailing regatta for the Hanse Sail from Uwe Jahnke in 2010.

Page 34

**Birgit Müller**

With a degree in journalism and specializing in radio, she has accompanied the Hanse Sail in all media things since 1991. After studying in Leipzig and working for the youth station DT-64 in Berlin, the life of the native Güstrowerin finally led back to the north, where she first found her professional home at the "Ferienwelle" and from 1992 onwards at the newly founded NDR Mecklenburg-Western Pomerania as a presenter.

Page 38

**Michael Ebert**

The senior police commissioner has headed the Rostock police department since 2011. Despite the constant tension during the days of the Sail, he looks forward to the event at the Warnow every year.

Page 42

**Inga Knospe**

Born in Neubrandenburg, she has been Managing Director of „Rostocker Großmarkt GmbH" since 2015, organizing the market for the Hanse Sail. Additionally, she is responsible for other demanding market events, such as the fishing festival in Greifswald or the Christmas market in Rostock.

Page 50

**Antje Missing**

For almost a decade now, the wife of the head of the Warnemünder Woche has volunteered to organize the Race

Office. This is where everything comes together, so that both the athletes and organizers later know where to arrive on the water. Leading her 20-member team, Antje Missing also thinks of all matters of physical well-being on land.

Page 52
**Immo Stange and Gerhard Wölk**
Even beyond their eighties, there is still an astonishing amount to do for the two gentlemen with a decade-long membership in the Warnemünde Sailing Club. Without them, no launch buoy would be at its place at the right time, and no jury boat would be able to maneuver the gentlemen with the whistles through the crests of the waves. Stange and Wölk meticulously refuel the countless inflatable boats needed at the sailing event.

Page 54
**Inge Regenthal**
Cultivating of Warenmünder traditions is closely connected to her name. In 1976, when the "Warneminner Ümgang" was born for the workers' festival in the Warnowwerft, Ingeborg (Inge) Regenthal from the Warnemünde Association was there. The procession has changed during the over 40 editions, it is now called the "Niege Ümgang" and has long since been established as the prelude to the Warnemünder Woche.

Page 56
**Karin Scarbarth**
As chairman of the Warnemünde Traditional Costume Group, Karin Scarbarth brings more to the table than lavish embroidery onto historic robes and exceptional dancing. Above all, her organizational talent is in demand every year with regard to the traditional costume gathering at the Warnemünde Lighthouse.

Page 59
**Uwe Jahnke**
The longtime chairman of the Warnemünde Sailing-Club and former race director of the Warnemünde Woche would have been happy to sail more often during his term of office. Yet, just as most event organizers of the world, participating yourself is very rare.

Page 65
**Arved Fuchs**
Arved Fuchs has been conducting expeditions since 1977. His focus lies on the polar zones of the earth and the oceans. He was the first person to completely circle the North Pole with his sailing ship Dagmar Aaen and has participated several times in the fishing cutter Regatta on the day before the Hanse Sail.

Page 69
**Arjen and Charissa Toeller and Robert and Mirjam Postuma**
The four sailing Dutchmen are regulars of the Hanse Sail. In 2009, they surprised everyone with the news that they were going to build a 70-meter-long three-mast topsail schooner. A year later, the Gulden Leeuw was put into service, delighting the sail visitors with her elegance.

Page 73
**Oliver Wipperfürth**
The owner and skipper has been guiding traditional sailing ships for two decades. His 50-meter-long brig Mercedes is

well known to sail visitors: every year, he sets sails around the molehead, followed by the display of the square rig - sometimes even into the Rostock city harbor.

Page 74
### Karin Nagel
Since retiring in 2015, the business administrator has been working on the project „Mecklenburg hosts its guests“ on behalf of the Hanse Sail Association. Herein Rostocker restaurants invite the crews of the participating ships to a cozy meal together, proving their hospitality.

Page 77
### Beat Schenk
The chairman of the Tall Ship Friends Switzerland deliberately travelled to the Hanse Sail from Switzerland with his Association in 2015. His love of tall ships began in 1957 with the super-cinemascope film “Windjammer”, which was shown in an empty exhibition hall in Basel.

Page 82
### Sabine Fox
After her state examination in law, Sabine Fox signed on in the Tall Ship booking office of the Hanse Sail Association, as she did not find a job in the saturated legal industry. In 2007, she accepted a job offer of a charter agency in the Netherlands. Eight years later, she returned to the Hanse Sail as a crewmember of the cargo sailing ship Tres Hombres.

**Trotz der vielen Besucher findet man gerade abends auch ruhige Plätzchen auf und bei den Schiffen.**

Page 87
### Cornelius Bockermann
Avontuur is the Dutch word for adventure. It is also the name of a gaff schooner built in 1920, which was acquired in 2014 by Cornelius Bockermann and restored to its original state as a cargo sailing ship over two years in Elsfleth on the Lower Weser. Since then, the 44-meter-long two-master has been transporting goods between Europe and the Caribbean.

Page 90
### Lorenz Finke
Frigate captain Lorenz Finke was the base commander and senior site officer in Warnemünde from 2013 to 2016, responsible for the naval activities at the largest maritime event in Mecklenburg-Vorpommern, ranging from the Open Ship to the Open Base.

Page 94
### Jimmy Rathge
Jimmy Rathge has been a sailor since 1954. His life motto – whether at sea or on land – is the following: My domain is the world. That was the driving force from a young age, bringing him to ever new shores. Meanwhile, he has traveled aboard ships to every continent.

Page 101

Every year, many nations come to the Warnemünder Woche as athletic guests. Among others, they travel from India, Hawaii, Brazil, Oman, Lithuania, Poland, Singapore and Spain.

Auch in Rostock zu Besuch: die Nao Victoria, der Nachbau des Schiffes, mit dem Ferdinand Magellan und Juan Sebastian Elcano 1519 bis 1522 die erste Weltumsegelung durchführten

Page 115

**Erika and Horst Schünemann**

Erika and Horst Schünemann from Kühlungsborn were two of the 97 sailors who participated in the 5th fishing cutter Regatta on August 7, 2013. This friendly sailing race of fast fishing cutters has been taking place since 2008 from the Danish Nysted to Rostock on the day preceding the Hanse Sail.

Page 115

**Anne Leutloff**

Anne Leutloff, the publisher of the book "Feuer am Wind", is also a cultural scientist. In 2014, during a press breakfast of the Hanse Sail, she presented her freshly printed book, in which a total of 22 shipowners had a chance to speak out in favor of the preservation of traditional ships.

Page 116

**Andrzej Radomski**

Andrzej Radomski, born in Gdansk, studied shipbuilding in his hometown, worked in the ship repair area, and became a manager in major Polish companies in the late 1980s. Since 1999, he has accompanied the Hanse Sail with the Sail Gdansk, a member of the "Baltic Sail" cooperation.

Page 118

**Michael Saitner**

The Kiel lawyer Michael Saitner is the first chairman of the German Sail Training Union (GSTU). The acting managing executive of the Joint Welfare Association Schleswig-Holstein is also the first chairman of the association „Sailing Ship Thor Heyerdahl", one of the members of the GSTU, and has many years of experience in the field of traditional German sailing vessels.

Page 120

### Anna van der Rest

Born in Poland, Anna van der Rest and her husband Jaap operate the two Amsterdam-based traditional sailing ships LOTH LORIEN and J.R. TOLKIEN. The spouses have been visiting the Hanse Sail with both ships since 2014 and thus represent the close relations between the "sailing Dutchmen" and the Rostock Sail.

Page 123

### Karin Wohlgemuth

After completing her studies at the University of Rostock in the early 1980s, the graduate engineer for technical cybernetics and automation technology accompanied her Cuban husband to the Caribbean island. A few months after the reunification of Germany, she returned to Rostock and found her way to the Hanse Sail in 1992 as a ship attendant. Since 1994, she runs the membership of Rostock in the Union of Baltic Cities (UBC), as well as looking after the foreign guests of the mayor in general and during the Hanse Sail.

Page 126

### Sonja Tegtmeyer

The Hamburg-based Sonja Tegtmeyer from the Hamburg Messe und Congress GmbH is a project manager of the HAFENGEBURTSTAG HAMBURG (Port Anniversary) and an important partner of the Hanse Sail and other maritime festivals.

Page 129

### Hannah Anderssohn

The born fighter always performs on full throttle, both in the water and on land - and Rostock is justified in claiming to have an exceptional talent in their ranks of athletes. Hannah Anderssohn was already world champion at the age of 17 and has her eyes firmly on the Olympic Games in 2020. Even personal setbacks will not change that.

Page 133

### Peter Stucki and Pierre M. Hoch

The Swiss Peter Stucki and Pierre M. Hoch are connected by their origins and, surprisingly, a lively sailing scene around them, although Switzerland is not known to lie by the sea. They assume a variety of tasks within the international jury of the Warnemünder Woche.

Das Ambiente in Rostock ...

... und Warnemünde könnte kaum schöner sein.

1218 HANSE- UND
UNIVERSITÄTSSTADT 1419
ROSTOCK

Die Autorinnen und der Autor sowie der Verlag danken der Hanse- und Universitätsstadt Rostock für die freundliche Unterstützung bei der Verwirklichung des Projekts.

Liebe Leserin, lieber Leser, wir freuen uns über Ihre Bewertung im Internet!

Die Deutsche Nationalbibliothek verzeichnet diese Publikation in der Deutschen Nationalbibliografie; detaillierte bibliografische Daten sind im Internet über http://dnb.ddb.de abrufbar.


18055 Rostock, Lagerstraße 7
www.hinstorff.de

1. Auflage 2018

Herstellung: Hinstorff Verlag GmbH
Lektor: Thomas Gallien
Druck und Bindung: Westermann Druck Zwickau GmbH
Printed in Germany
ISBN 978-3-356-02187-5

**Bildnachweis**

Jochen Bertholdt: S. 30
Klaus-Dieter Block: S. 17, 24, 25, 26, 35, 43, 52, 55, 68, 78, 83, 91, 97, 121, 122, 132
Marianne Dietrich: S. 4, 5
Horst Fischer: Rückcover
Manfred Fischer: S. 77
Arved Fuchs Expeditionen: S. 67
Germain Sail Training Union e.V.: S. 119
Hamburg Messe: S. 127
Pepe Hartmann: S. 44/45, 51, 53, 58, 104/105, 128, 130, 131
Hartwig Kalisch (privat): S. 23
Kristina Masella: S. 57
Birgit Müller (privat): S. 34
Andrzej Radomski: S. 117
Annika Schmied: S. 31, 37, 50, 75, 100, 101 (1), 104, 105, 140
Gesine Schuer: S. 32, 38, 39, 54, 76, 86, 88, 101 (1), 102 (3), 103 (3), 110, 114
Britta Trapp: S. 28, 48, 87
Oliver Wipperfürth (privat): S. 73
Alle anderen Bilder: Lutz Zimmermann